Anna Merzinger

Sachunterricht kreativ im 2. Schuljahr

Oldenbourg

Inhalt

Vorwort

Ziel des Sachunterrichts der Grundschule ist es, Kindern die natürliche, kulturelle, soziale und sachliche Umwelt altersgemäß zu erschließen. Dabei sollen sie die verschiedenen Facetten ihrer Wirklichkeit allmählich differenzierter wahrnehmen, Zusammenhänge durchdringen und beurteilen. Dies gelingt, wenn der Sachunterricht genügend Raum zur Entfaltung der kindlichen Neugierde und Kreativität lässt. Im Fragen, Erkunden, Erleben, Erforschen, Spielen und Experimentieren wird dem handelnden Lernen Rechnung getragen. Kinder konstruieren sich auf diese Weise ihr Wissen selbst. Das Aufsuchen von Lernorten außerhalb des Klassenzimmers gehört ebenso wie das Einbeziehen möglichst vieler Sinne beim Erkunden der einzelnen Lerngegenstände zu diesem forschend-entdeckenden Lernen, das kindliche Problemstellungen berücksichtigt und kleine Projekte im Schulalltag anstößt.
Der vorliegende Band versucht diesem pädagogischen Ansatz gerecht zu werden. Der Fuchs Freddy, der Biber Billy, die Spitzmaus Sally und die Eule Elly regen die Kinder auf Handlungskarten zum Erforschen, Bauen, Basteln, Spielen und Experimentieren an. Dabei werden die wesentlichen Lerninhalte des Sachunterrichts im zweiten Schuljahr berücksichtigt. Die Handlungskarten können im regulären Klassenunterricht eingesetzt werden. Allerdings sollten die Kinder die Möglichkeit erhalten, in freien Arbeitsphasen ihre gewonnenen Erkenntnisse zu vertiefen. Bisweilen bieten sich die Karten auch als vorbereitende Hausaufgabe an.
Am Ende jedes Kapitels werden die wesentlichen Lerninhalte in Ellys Lexikon noch einmal zusammengefasst.
Die Kinder sammeln im Laufe des Schuljahres ihre gewonnenen Ergebnisse am besten in einem Ordner oder in einer Mappe. Dieses Portfolio gibt der Lehrerin zusätzlich Aufschluss über den individuellen Lernstand und persönliche Interessenschwerpunkte und ermöglicht eine gezielte Lernberatung der Kinder.

Anna Merzinger

Aufgrund der Tatsache, dass in der Grundschule überwiegend Frauen unterrichten, und aus Gründen der leichteren Lesbarkeit wird im Buch der Begriff „Lehrerin“ verwendet.

Die Leitfiguren

Ich und meine Erfahrungen

Didaktisch-methodische Anmerkungen

Erinnerungen an meinen ersten Schultag

Lernziele: Die Kinder sollen
- subjektive Erinnerungen an den ersten Schultag durch andere Quellen ergänzen und vergleichen,
- Erinnerungsstücke vom ersten Schultag sammeln,
- persönliche Veränderungen an sich und anderen wahrnehmen.

Das war mein erster Schultag (S. 8)
Die Kinder halten im Fragebogen während des Unterrichts eigene Erinnerungen zum ersten Schultag fest. Beim Vorlesen und Vergleichen in der Kleingruppe stellen sie erste Unterschiede und Ähnlichkeiten fest. Zu Hause befragen sie eine Person, die sie an ihrem ersten Schultag begleitet hat, und vergleichen deren Erinnerungen mit den eigenen. Den ausgefüllten Fragebogen bewahren sie in ihrer Portfolio-Mappe auf.

Erinnerungskisten vom ersten Schultag (S. 9)
Die Kinder zeigen nacheinander im Erzählkreis ihre Erinnerungskisten und berichten zu den Gegenständen. Zusätzlich können sie eine individuelle oder gemeinschaftliche Erinnerungskiste zum zweiten Schuljahr anlegen, die sie regelmäßig im Erzählkreis öffnen. Eine Alternative zur Erinnerungskiste ist ein Leporello, das die Kinder für sich persönlich oder für die Klasse gestalten. Mit jedem besonderen Ereignis im Laufe eines Jahres wächst auch das Leporello.

Spiel „Wer war denn das?“ (S. 9)
Die Kinder bringen Fotos aus ihrer Vorschulzeit mit und vergleichen die Bilder mit ihrem aktuellen Aussehen. Vor dem Spiel (Spielregeln s. S. 9) werden die Fotos einige Zeit im Klassenzimmer ausgestellt, damit die Kinder sich mit den Veränderungen ihrer Mitschüler vertraut machen können.
Spielvariante: Die Kinder kleben ein aktuelles Bild von sich und ein Foto aus der Vorschulzeit jeweils auf eine Blankokarte. Sie ziehen reihum voneinander die Karten und legen die Kartenpaare ab. Sieger ist, wer zuerst keine Karten mehr hat.

Jeder hat eigene Gefühle und Empfindungen

Lernziele: Die Kinder sollen
- Gefühle und Empfindungen mimisch und verbal ausdrücken,
- verschiedene Gefühle und Empfindungen wahrnehmen,
- einen Bereich des Wohlbefindens mitgestalten,
- mit Gefühlen der Wut und Enttäuschung angemessen umgehen.

Ausdrücken verschiedener Gefühle (S. 10)
Die Kinder arbeiten in Kleingruppen und stellen anschließend ihre Ergebnisse der Klasse vor. Die Fotos, Zeichnungen und schriftlichen Äußerungen werden ausgestellt und später in der Portfolio-Mappe gesammelt. Zusätzlich können die Kinder ihre Äußerungen mit einem Kassettenrekorder aufnehmen und so die Unterschiede in der Stimmführung je nach Gefühlszustand erkennen.

Unsere Wohlfühlecke (S. 11)
Es können auch mehrere Klassen gemeinsam einen Raum (Gruppenraum, Zone in der Aula usw.) außerhalb des Klassenzimmers gestalten und nutzen. Tipps zur Ausstattung: Teppich, Regal für Kassetten und Bücher, einige Abspielgeräte für Kassetten und CDs. Der Einsatz von Kopfhörern vermeidet Störungen.

Unsere Wutecke (S. 11)
In dieser Ecke mit einigen Tischen und Stühlen können die Kinder ihre Aggressionen adäquat verarbeiten. Auf einer Pinnwand geben sie Tipps zum Wutabbau weiter. Neben dicken Polstern (Wutkissen) zum Abreagieren von Wut liegen in einem Regal Knetmasse zum Formen von Wutskulpturen sowie Papier und Stifte zum Schreiben und Malen von Wutzetteln bereit.

Spiel „Weißt du, wie ich mich fühle?“ (S. 12)
Neben den Kopiervorlagen können die Kinder auch mit eigenen Fotos (vgl. *Ausdrücken verschiedener Gefühle*) ein Zuordnungsspiel herstellen.

Ich sage Ja oder Nein

Lernziele: Die Kinder sollen
- Beispiele für Situationen finden, in denen sie ein Mitmachen entschieden ablehnen,
- selbstbewusst Nein-Sagen üben,
- anhand verschiedener Situationen entscheiden, ob sie mitmachen oder sich verweigern.

Ich sage Nein (S. 13)
Die vorgestellte Situation regt die Kinder an, in Kleingruppen das deutliche Nein-Sagen mit entsprechender Mimik, Gestik und Stimmführung zu üben und dies mit dem Kassettenrekorder und dem Fotoapparat festzuhalten. Sie überlegen sich weitere Situationen des Nein-Sagens, gestalten dazu Sprechblasenbilder, Comics, eine Fotostory oder stellen eine Situation als Rollenspiel dar. Das gesammelte Material wird zunächst ausgestellt und später in der Portfolio-Mappe gesammelt.

Spiel für zwei Kinder „Wie entscheidest du dich?“ (S. 14)
Die Situationsbilder werden laminiert. Jeder Mitspieler erhält einen Kartensatz sowie zwölf rote und zwölf

grüne Spielsteine. Rote Spielsteine stehen für Nein, grüne Steine für Ja. Jeder Spieler entscheidet zunächst für sich, ob er in den verschiedenen Situationen Ja oder Nein sagen würde und legt einen Spielstein in der entsprechenden Farbe auf die Situationskarte. Anschließend vergleichen die beiden Kinder ihre Entscheidungen und begründen sie gegenüber dem Partner.

Ich gehe auf dich zu

Lernziele: Die Kinder sollen
- positive und negative Seiten ihrer Freunde beschreiben,
- durch positive Stellungnahmen gegenseitige Achtung erleben,
- in Interaktionsspielen das Zusammenarbeiten üben.

Fragebogen „Mein bester Freund / Meine beste Freundin" (S. 15)
Die Kinder ergänzen den Fragebogen mit Zeichnungen und Fotos und kleben sie zusammen mit dem Fragebogen auf ein farbiges Blatt (DIN A5). Nach dem Vorstellen im Erzählkreis werden die Arbeiten ausgestellt und dann später in der Portfolio-Mappe gesammelt.

Ausstellung „Du bist spitze!" (S. 15)
Jede Woche sammeln die Kinder zu vier bis fünf Klassenkameraden positive Aussagen. Dazu klebt die Lehrerin die Fotos der aktuellen Kinder auf farbiges Papier, steckt sie in eine Klarsichthülle und hängt sie an einer Schnur im Klassenzimmer auf. Die Kinder setzen auf vorbereiteten Streifen die Satzanfänge (vgl. Kopiervorlage S. 15) fort und schieben die Satzstreifen in die entsprechende Klarsichthülle. Am Ende der Woche lesen sie die Sätze im Stuhlkreis vor und schreiben sie in Schmuckschrift unter die Fotos. Die fertigen Blätter werden im Klassenzimmer ausgestellt (evtl. in der Wohlfühl-Ecke) und am Schuljahresende den Kindern als besonderes Erinnerungsstück geschenkt.

Das machen wir gemeinsam (S. 16)
Das gemeinsame Fortsetzen eines Bildanfangs ohne Worte wird zunächst in Partnergruppen ausprobiert. Massagen auf dem Rücken eines Partners lassen sich sowohl auf einem Stuhl sitzend als auch in der Turnhalle auf einer Matte liegend durchführen. Auch eine gegenseitige Massage im Stuhlkreis ist möglich. Themen für Rückenmassagen sind z. B. Backen (Pizza, Kuchen, Kekse), Wetter (Wind, Regen, Schnee) oder Sport (Schlitten, Schlittschuh, Ski).

Dafür bin ich verantwortlich

Lernziele: Die Kinder sollen
- Tätigkeiten, die sie eigenverantwortlich erledigen, benennen,
- Möglichkeiten eigenverantwortlichen Handelns in verschiedenen Lebensbereichen erkennen.

Fragebogen „Das mach ich ganz allein" (S. 16)
Sollte auf dem Fragebogen der Platz für weitere selbstständig ausgeführte Handlungen nicht ausreichen, gestalten die Kinder ein Zusatzblatt. Nach dem Vorstellen der Ergebnisse in der selbst gewählten Kleingruppe wird der Fragebogen in die Portfolio-Mappe eingeordnet.

Klammerkarte „Ich pass auf mich auf" (S. 17)
Vor dem Laminieren der Karte werden die Handlungsalternativen, die Eigenverantwortung erkennen lassen, auf der Rückseite mit einem Stern versehen.

Ich ernähre mich gesund

Lernziele: Die Kinder sollen
- den Ernährungskreis kennen und mit eigenen Essgewohnheiten vergleichen,
- gesunde Lebensmittel auswählen,
- wissen, dass viele Lebensmittel Zucker enthalten.

Collage zum Ernährungskreis (S. 18)
Die Collage wird als Gemeinschaftsarbeit gestaltet und im Klassenzimmer oder in der Aula ausgestellt.
Fragebogen *„Was ich am liebsten esse und trinke"* (S. 18)
Die Kinder vergleichen ihren ausgefüllten Bogen mit den Lebensmitteln des Ernährungskreises und bewerten ihre Essgewohnheiten in Kleingruppen.

Ausstellung „Dem Zucker auf der Spur" (S. 19)
Der jeweilige Zuckergehalt wird mit Würfelzuckerstücken dargestellt, die in einer kleinen Schachtel verborgen sind. An jeder Lebensmittelstation liegen Zuckerstückchen bereit, mit denen die Kinder zunächst den Zuckergehalt abschätzen, bevor sie den tatsächlichen Zuckergehalt aufdecken. Die Ergebnisse werden in der Portfolio-Mappe gesammelt.
Ausgestellte Lebensmittel: Ein Glas Limonade (9 St. Zucker), eine Portion Ketschup (5 St. Zucker), eine Portion Senf (2 St. Zucker), 17 Gummibärchen (8 St. Zucker), ein Teller Cornflakes (6 St. Zucker), eine Scheibe Brot mit Nussnugatcreme (10 St. Zucker)

Würfelspiel „Ich ernähre mich gesund" (S. 19)
Die Lehrerin laminiert das von den Kindern selbst hergestellte Spiel vor Spielbeginn.

Unser gemeinsames Schulfrühstück

Lernziele: Die Kinder sollen
- gemeinsam ein gesundes Schulfrühstück vorbereiten,
- gemeinsam essen und Tischkultur erleben.

Gesunde Milch- und Saftbar, Lustige Häppchen-Igel (S. 20)
Die Kinder wählen die Zutaten anhand des Ernährungskreises aus und besorgen sie. Beim Vorbereiten des Frühstücksbüfetts können Eltern oder Nachbarklassen mitwirken. Die Kinder schmücken die Tische vor dem gemeinsamen Essen mit Blumen oder Teelichtern und legen Servietten auf die einzelnen Plätze. Im Sommer ist auch ein gemeinsames Picknick im Pausenhof möglich.

Obst und Gemüse

Lernziele: Die Kinder sollen
- verschiedene Obst- und Gemüsesorten mit möglichst vielen Sinnen erfassen,
- einige Obst- und Gemüsesorten benennen,
- einen Gemüsequark herstellen.

Ich erforsche Obst und Gemüse (S. 21)
Die Kinder durchlaufen Forscherstationen mit verschiedenen Früchten und zugehörigen Wortkarten, tragen ihre Ergebnisse in vorbereitete Listen ein und sammeln ihre Forscherblätter in der Portfolio-Mappe.
Station 1: Frucht von außen betrachten und abzeichnen
Station 2: Die aufgeschnittene Frucht betrachten und abzeichnen
Station 3: In je einem Tastsack, einer Fühlschachtel oder unter einem Abdecktuch ist eine andere Frucht, die die Kinder ertasten und beschreiben.
Station 4: Es liegen verschiedene Fruchtstückchen zum Probieren aus. Vorher nach Allergien fragen; nur Gemüsesorten verwenden, die roh gegessen werden können.

Obst- und Gemüseparcours
Die Kinder erraten in Paargruppen an verschiedenen Stationen Gemüse- und Obstsorten. Sie tragen ihre Ergebnisse in einem Laufzettel (1. ...,2. ...,3. ... usw.) ein.
Ideen für einen Parcours:
Station 1: Tastsack mit Gemüsesorten und Tastsack mit Obstsorten (nicht mehr als drei Sorten pro Tastsack)
Station 2: Schalen, Kerne oder andere Teile einer Obst- oder Gemüsesorte
Station 3: Obst- und Gemüsestückchen unter einer umgedrehten Tasse zum Probieren; Augenmasken bereitlegen
Station 4: Umschreibungsrätsel

Was ist in unseren Nahrungsmitteln?

Lernziel: Die Kinder sollen
- Fett und Wasser in Nahrungsmitteln nachweisen.

Die Lehrerin stellt die für die einfachen Experimente (S. 22) benötigten Dinge auf einem Experimentiertisch bereit. Die Kinder führen die Versuche nach der Anleitung auf den Handlungskarten durch, schreiben die Versuchsergebnisse für ihre Portfolio-Mappe auf und fertigen eine Zeichnung von den durchgeführten Experimenten an.

Name:________________________________

Das war mein erster Schultag

1. Schreibe oder male zuerst deine Erinnerungen in Spalte 2.
2. Befrage dann jemanden, der an deinem ersten Schultag dabei war. Schreibe oder male dazu in Spalte 3.

Lass das Kästchen frei, wenn du dich nicht mehr erinnerst.

	Meine Erinnerungen	Die Erinnerungen von ____________
Worüber hast du dich besonders gefreut?		
Was war aufregend?		
Wie sah die Schultüte aus?		
Wie hieß der Tischnachbar?		
Woran erinnerst du dich außerdem noch?		

3. Suche nach Bildern vom ersten Schultag.
Hast du noch einen kleinen Gegenstand,
den du am ersten Schultag bekommen hast?
Erzähle zu Dingen, die dich an den ersten Schultag erinnern.

Meine Erinnerungskiste vom ersten Schultag

Das brauchst du:
- Schachtel mit Deckel, in die alle Fundstücke vom ersten Schultag passen
- Malkasten, Pinsel und Farbstifte
- Papier, Schere und Klebstoff

Das kannst du vom ersten Schultag sammeln:
- Fotos und Zeichnungen
- Zeitungsberichte
- kleine Dinge aus deiner Schultüte und vieles mehr

So wird es gemacht:
- Überprüfe noch einmal, ob alles in deine Schachtel passt.
- Male die Schachtel in deiner Lieblingsfarbe an.
- Zeichne auf das Papier kleine Bilder, die zum ersten Schultag passen (Schultüte, Stifte, Schultasche, Bonbon ...)
- Schneide die Bilder aus und klebe sie auf die Schachtel.

Tipp:
Legt in der Klasse eine Erinnerungskiste zum zweiten Schuljahr an.

Wer war denn das?

Das braucht ihr:
- Fotos von allen Kindern aus der Vorschulzeit
- helles Tonpapier, Schere, Stifte

So wird es gemacht:
- Schneidet Namenskarten aus Tonpapier aus.
- Schreibt auf jede Karte den Namen eines Kindes.

Spielregeln:
- Legt alle Namenskarten sichtbar in den Kreis.
- Legt alle Fotos verdeckt auf einen Stapel.
- Reihum hebt ein Kind ein Foto ab und sucht die richtige Namenskarte dazu.
- Stimmt der Name, behält das Kind das Foto.
- Bei einem Fehler wird das Foto wieder unter den Stapel geschoben.
- Sieger ist, wer am Ende die meisten Fotos hat.

© Oldenbourg Schulbuchverlag GmbH, OKV 115, Sachunterricht kreativ im 2. Schuljahr

Ausdrücken verschiedener Gefühle

Name:____________________________

Ich bin fröhlich.

Bild/Foto

Das sage ich dann:

Das tue ich dann:

Name:____________________________

Ich bin wütend.

Bild/Foto

Das sage ich dann:

Das tue ich dann:

Name:____________________________

Ich bin traurig.

Bild/Foto

Das sage ich dann:

Das tue ich dann:

Unsere Wohlfühlecke

Das braucht ihr:
- Wasserfarben, Buntstifte, Zeichenpapier
- Kieselsteine, großer Korb
- Lieblingsbücher
- Kassetten und CDs (Musik zum Träumen, Lieblingsgeschichten)
- große Kissen und Polster

So wird es gemacht:
- Malt Bilder von euren Lieblingsorten. Stellt sie in der Wohlfühlecke aus.
- Sucht besondere Kieselsteine. Bemalt sie in euren Lieblingsfarben. Legt eure „Glückssteine" in einen großen Korb.
- Bringt eure Lieblingsbücher mit.
- Sucht nach Kassetten oder CDs mit euren Lieblingsgeschichten oder mit Musik zum Träumen.
- Baut mit den Kissen einen gemütlichen Ort zum Ausruhen.

Unsere Wutecke

Das könnt ihr machen:
- Bemalt einen Abfallkorb mit Zeichen der Wut (zum Beispiel Blitze, wütende Gesichter, Gewitterwolken).
- Als Abfalleimer könnt ihr auch einen hohen Karton verwenden.

Was hilft euch, damit die Wut verschwindet?
- Denkt daran: Niemand darf beleidigt oder verletzt werden.
- Schreibt eure Tipps auf Zettel und stellt sie in der Wutecke aus.

Das könnt ihr in der Wutecke machen:
- Schreibt einen Wutzettel oder malt ein Wutbild. Zerreißt den Zettel hinterher und werft ihn in den Wut-Abfallkorb.
- Formt aus Knetmasse eine Wutfigur.
- Boxt gegen ein dickes Wut-Kissen.
- Stampft einige Male kräftig mit dem Fuß auf.
- Lest die Tipps gegen die Wut an der Pinnwand.
- Habt ihr noch einen Tipp? Dann schreibt ihn einfach dazu.

Karten für das Spiel **Weißt du, wie ich mich fühle?**

Freude 	Martin hat mit seiner Mannschaft das Spiel gewonnen.		Angst 
Simon ist am Abend allein zu Hause. Plötzlich hört er ein merkwürdiges Geräusch.		Trauer 	Lenas Wellensittich liegt am Morgen tot im Käfig.
	Wut 	Selina hat eine Brille bekommen. Jetzt lachen sie einige Kinder in der Klasse aus.	
Freundschaft 	Pascal ist in Lisa verliebt. Das erzählt er aber nur seinem Freund Kevin.		Langeweile 
Alina ist ganz allein auf dem Spielplatz. Sie würde gerne mit anderen Kinder spielen. Aber niemand kommt.		Schüchternheit 	Patrick ist neu an der Schule. In der Pause möchte er gerne mit anderen Kindern spielen. Aber er traut sich nicht.
	Enttäuschung 	Felix hat Moritz zum Geburtstag eingeladen. Er freut sich sehr auf Moritz. Aber dann sagt Moritz ab.	

Weißt du, wie ich mich fühle?

Spielregeln (für zwei bis vier Kinder):
- Die Karten werden verdeckt und gleichmäßig an alle Mitspieler verteilt.
- Zieht reihum voneinander Karten.
- Wer drei Karten hat, die zusammenpassen, legt sie in der Mitte ab.
- Wer zuerst keine Karten mehr hat, gewinnt.

Ich sage Nein

Auf dem Spielplatz haben einige Jugendliche eine Flasche Wein dabei. Sie wollen unbedingt, dass du auch davon probierst.
Doch du sagst Nein.

Tipp: Spiele die Geschichte.

So sagst du überzeugend Nein:
- Sprich laut und deutlich.
- Schaue die anderen Kinder dabei an.
- Lass auch deine Hände sprechen.

Das kannst du auch machen:
- Zeichne die Geschichte als Comic.
  Schreibe in die Sprechblasen, was die Kinder sagen.
- Nimm eine gespielte Geschichte mit dem Kassettenrekorder auf.
- Mach Fotos, während andere Kinder eine Geschichte spielen.
- Spiel „Eingefroren“. Einer sagt Nein ganz ohne Worte, nur mit seinem Körper.
  Während er „erstarrt“, fotografierst du.
- Hör die Kassette noch einmal an. Betrachte die gezeichnete Geschichte und die Fotos genau. Was ist gut gelungen? Was könntest du noch verändern? Begründe deine Meinung.

Wann sagst du Nein?
- Male Sprechblasenbilder dazu. Erzähle deiner Gruppe davon.

Situationsbilder für das Spiel **Wie entscheidest du dich?**

Mein bester Freund

Er heißt ______________________

Das mag ich an meinem Freund:

____

____

____

Das mag ich nicht an ihm:

____

____

____

Das machen wir am liebsten zusammen:

____

____

____

Meine beste Freundin

Sie heißt ______________________

Das mag ich an meiner Freundin:

____

____

____

Das mag ich nicht an ihr:

____

____

____

Das machen wir am liebsten zusammen:

____

____

____

Du bist spitze!

Das könnt ihr machen:

- Klebt ein Foto von jedem Kind eurer Klasse auf ein farbiges Blatt Papier.
- Überlegt, was ihr an jedem Kind am meisten mögt.
- Ergänzt die Lückensätze dazu.
- Lest euch die Sätze vor.
- Schreibt die Sätze in Schmuckschrift zum Foto.
- Stellt die fertigen Blätter im Klassenzimmer aus.

Am meisten mag ich an dir, dass du ______________________

____

____

____

Das meint ______________________ .

Das machen wir gemeinsam

Das kannst du mit deinem Partner machen:
- gemeinsam ein Bild malen
- euch gegenseitig massieren

Das Malen geht so:
- Ihr braucht Buntstifte und ein Zeichenblatt.
- Malt in die Mitte des Blattes ein □ oder ein ▭ oder ein △ oder einen ○.
- Jetzt wird nicht mehr gesprochen.
- Malt das Bild abwechselnd weiter. Malt immer nur ein paar Striche dazu.
- Wie geht es euch dabei? Sprecht **hinterher** darüber.

Die Massage geht so:
- Dein Partner setzt sich mit dem Rücken zu dir auf einen Stuhl. Er kann sich auch auf eine Matte legen.
- Erzähle mit den Händen eine Geschichte auf dem Rücken deines Partners.
- Beispiele für Geschichten: Sturm und Regen / Pizza backen / Schlittschuh fahren ...
- Wechselt ab.
- Geht behutsam miteinander um. Erzählt euch gegenseitig, was euch besonders gut gefallen hat.

Das mach ich ganz allein

Zu Hause

○ mich waschen
○ mich kämmen
○ duschen
○ anziehen
○ Kleidung auswählen
○ Zimmer aufräumen
○ Tisch decken
○ zum Bäcker gehen
○ Hausaufgaben machen

In der Schule

○ einem anderen Kind eine Aufgabe erklären
○ jemanden trösten
○ zu Hause anrufen
○ etwas ins Sekretariat bringen
○ einer anderen Klasse eine Nachricht überbringen
○ Streit beenden

Ich pass auf mich auf

- Lies und entscheide dich.
- Dreh dann die Karte um und zähle deine Sterne.

☆☆☆☆☆ bis ☆☆☆☆:	Du passt prima auf dich auf.
☆☆☆:	Du passt meistens gut auf dich auf.
☆☆ und weniger:	Achte noch besser auf dich.

1. Du bist allein zu Hause. Da läutet es an der Wohnungstür.	
• Du öffnest die Tür. Sicher ist es dein Freund.	
• Du fragst zuerst, wer da ist. Dann öffnest du die Tür.	
• Du schaust nach, wer an der Tür ist. Du öffnest nur Menschen, die du gut kennst.	
2. Du willst mit deiner Tante ins Kino fahren.	
• Du setzt dich auf den Beifahrersitz und schnallst dich an.	
• Du holst deinen Kindersitz. Du schnallst dich hinten im Auto auf dem Kindersitz an.	
• Du setzt dich auf den Rücksitz und schnallst dich an.	
3. Du gehst mit deinen Freunden gleich nach dem Mittagessen ins Schwimmbad.	
• Du springst sofort ins Wasser.	
• Du cremst dich ein und legst dich gleich in die Sonne.	
• Du cremst dich ein und legst dich in den Schatten.	
4. Du machst dich am Morgen für die Schule fertig. Draußen ist es noch sehr dunkel.	
• Du ziehst deine Jacke mit den Reflektor-Streifen an.	
• Du trägst deine neue schwarze Jacke, die du zum Geburtstag bekommen hast.	
• Du machst an deinem Schulranzen den Teddy fest. Er leuchtet, wenn sich ein Auto nähert.	

Unser Ernährungskreis

Das braucht ihr:
- große Scheibe aus Pappe
- alte Werbeprospekte
- leere Verpackungen
- Getreidekörner
- Klebstoff, Schere, Bleistift und Lineal

So wird es gemacht:
- Zeichnet mit Lineal und Bleistift die Teile des Kreises auf die Scheibe aus Pappe.
- Schneidet aus Werbeprospekten passende Lebensmittel aus. Klebt sie an die richtige Stelle.
- Ihr könnt auch leere, saubere Verpackungen aufkleben.
- Brot und Brötchen könnt ihr auch mit aufgeklebten Getreidekörnern gestalten.

Was ich am liebsten esse und trinke

Frühstück

Essen	Getränk

Pause

Essen	Getränk

Mittag

Essen	Getränk

Nachmittag

Essen	Getränk

Abend

Essen	Getränk

Das nasche ich am liebsten: ______________________________

Dem Zucker auf der Spur

- Überlege an jeder Station: Wie viele Zuckerwürfel sind in diesem Lebensmittel enthalten?
- Lege so viele Zuckerwürfel dazu.
- Kontrolliere anschließend. Notiere deine Ergebnisse.

Lebensmittel	geschätzte Zahl der Zuckerwürfel	tatsächliche Zahl der Zuckerwürfel
ein Glas Limonade		
eine Portion Ketschup		
eine Portion Senf		
17 Gummibärchen		
ein Teller Cornflakes		
Nussnugatcreme für eine Scheibe Brot		

Würfelspiel „Ich ernähre mich gesund“

Das braucht ihr:
- 31 Karten aus Tonkarton (etwa 10 cm lang und 10 cm breit)
- alte Werbeprospekte, Stifte, Schere und Klebestift
- Würfel, 15 Haselnüsse und Spielfiguren für alle Mitspieler

So wird es gemacht:
- Schneidet aus den Prospekten 15 gesunde und 15 ungesunde Lebensmittel aus. Klebt die Bilder auf die Karten.
- Schreibt auf eine Karte **Start.**

Spielregeln:
- Ordnet alle Karten im Kreis an.
- Stellt die Spielfiguren zu Beginn alle auf die Karte **Start.**
- Würfelt reihum. Rückt um die gewürfelte Augenzahl vorwärts.
- Kommt ein Spieler auf einem gesunden Lebensmittel zum Stehen, erhält er eine Haselnuss. Ansonsten setzt er eine Runde aus.
- Spielt so lange, bis alle Haselnüsse verteilt sind.
- Sieger ist, wer zum Schluss die meisten Haselnüsse hat.

Unsere gesunde Milch- und Saftbar

Das braucht ihr:
- einen Liter Milch, Mineralwasser, Ananas-, Orangen-, Trauben-, Apfel-, Kirschsaft (möglichst 100 % Fruchtgehalt)
- zwei Bananen, Zitronensaft
- Schüssel, Gabel, Quirl, Mixbecher, hohe Gläser, lange Löffel

So wird die Bananenmilch gemacht:
- Schält die Bananen ab. Zerdrückt sie in der Schüssel zu Mus.
- Gebt etwas Zitronensaft dazu. Verrührt das Bananenmus mit etwas Milch.
- Gebt das Mus in den Mixbecher. Gießt die restliche Milch dazu. Rührt kräftig mit dem Quirl um. Füllt die Fruchtmilch in Gläser.

So könnt ihr den Saft mixen:
Mineralwasser – Ananas – Orange – Traube
Mineralwasser – Apfel – Kirsche – Ananas
Mineralwasser – Kirsche – Traube – Apfel ...

Tipp:
- Probiert die Fruchtmilch mit Erdbeeren oder Himbeeren. Süßt mit Honig oder Ahornsirup.

Lustiger Häppchen-Igel

Das braucht ihr:
- Vollkornbrot, Butter, Hartkäse und Schinken in dicken Scheiben
- Melone, Trauben, Radieschen, Salatgurke, Karotten
- Zahnstocher, Obstmesser, Streichmesser, Schneidebrettchen, Küchentuch

So wird es gemacht:
- Wascht das Obst und Gemüse gründlich und trocknet es ab.
- Bestreicht das Brot dünn mit Butter. Schneidet dann das Brot, den Käse und den Schinken in kleine Quadrate.
- Bittet einen Erwachsenen, die Melone zu halbieren.
- Schneidet die Salatgurke und die Karotten in dicke Scheiben.
- Spießt zuerst das Brot, dann den Schinken oder den Käse auf. Zum Schluss fädelt ihr ein Stück Obst oder Gemüse auf.
- Steckt die fertigen Spieße in die Melonenhälften.

Ich erforsche Obst und Gemüse

Name der Frucht		
Station 1: Betrachte die Frucht von außen. Zeichne sie.		
Station 2: Betrachte die Frucht von innen. Zeichne sie.		
Station 3: Wie fühlt sich die Frucht an? Schreibe auf.		
Station 4: Wie schmeckt die Frucht? Schreibe auf		

Tipp: Informiere dich auch im Internet (zum Beispiel www.blinde-kuh.de).

Gemüsequark

Das braucht ihr:
- 250 Gramm Quark, acht Esslöffel süße Sahne, Radieschen, Gurke, verschiedene Kräuter (zum Beispiel Schnittlauch, Dill, Petersilie), Salz, Pfeffer
- Schüssel, Schneidebrett, Messer, Löffel

So wird es gemacht:
- Gebt den Quark in die Schüssel. Gießt die Sahne dazu. Rührt alles gut um.
- Wascht das Gemüse und die Kräuter.
- Schneidet die Radieschen und die Gurke in kleine Würfel.
- Schneidet die Kräuter fein.
- Mischt das Gemüse und die Kräuter unter den Quark.
- Schmeckt den Gemüsequark mit Salz und Pfeffer ab.

Das könnt ihr dazu essen:
- gekochte Kartoffeln
- Vollkornbrötchen oder Landbrot
- Gemüse (zarte Stangen vom Staudensellerie, Paprikastreifen, Kohlrabi- und Karottenstückchen) zum Eintauchen (Dippen)

Tipp: Probiert den Gemüsequark auch mit anderen Gemüsesorten aus.

Wasser oder Fett?

Das brauchst du:
- Löschpapier, Wasser, Salatöl, Bleistift

So wird es gemacht:
- Gib einen Tropfen Wasser und einen Tropfen Öl (Öl ist eine Art von Fett) auf das Löschpapier.
- Kreise die Flecken mit dem Bleistift ein. Schreibe dazu, ob es Wasser oder Öl ist.
- Warte zehn Minuten.

Das beobachtest du:
- Öl hinterlässt einen dauerhaften Fleck. Der Wasserfleck ist weg.

In welchen Nahrungsmitteln ist Fett?

Das brauchst du:
- ein Stück Apfel, Gurke, Schokolade, Käse, etwas Fruchtsaft, Kartoffelchips, Butter, Salami, geriebene Nüsse
- Löschpapier und Bleistift

So wird es gemacht:
- Reibe mit jedem Nahrungsmittel auf dem Löschpapier hin und her, bis ein Fleck entsteht.
- Kreise den Fleck ein. Schreibe dazu, welches Lebensmittel es ist.
- Warte zehn Minuten. Was beobachtest du?

Was ist in den Lebensmitteln?
- Aus dem Experiment „Wasser und Fett“ weißt du, was die dauerhaften Flecken bedeuten.
- Schreibe auf, welche Lebensmittel Fett oder Wasser enthalten.

Tipp: Teste auch noch andere Lebensmittel.

Ellys Lexikon

Ich erinnere mich an früher

Oft sind meine Erinnerungen nicht mehr vollständig. Das hilft mir:
- Ich frage andere Menschen.
- Ich suche nach Gegenständen von früher.
- Ich betrachte Bilder von früher.
- Ich lese Berichte und Geschichten von früher.

Unsere Gefühle und Empfindungen

- Jeder Mensch hat eigene Gefühle und Empfindungen.
- Am Gesicht, an der Körperhaltung und an der Stimme erkenne ich, wie sich andere fühlen.
- Ich muss nicht alles machen, was andere von mir wollen. Wenn ich mich nicht wohl dabei fühle, sage ich laut und deutlich Nein.
- Ich sage meine Meinung, ohne anderen wehzutun.
- Jeder hat seine Stärken. Auch an meinen Freunden gibt es Eigenschaften und Verhaltensweisen, die ich nicht mag.
- Viele Tätigkeiten machen nur zusammen mit anderen Spaß. Manches kann ich allein nicht tun.

Ich übernehme immer mehr Verantwortung für mich

- wenn ich meinen Körper pflege,
- wenn ich zu Hause helfe,
- beim Lernen in der Schule und zu Hause,
- im Umgang mit meinen Freunden und mit fremden Menschen,
- im Straßenverkehr.
- Wenn ich nicht mehr weiter weiß, bitte ich andere um Hilfe.

Ich ernähre mich gesund

- Ich ernähre mich abwechslungsreich.
- Vollkornprodukte, Gemüse, Obst und Milchprodukte sind besonders gesund.
- In vielen Lebensmitteln versteckt sich Zucker (zum Beispiel in Senf, Ketschup, Gummibärchen).
- Steht auf der Verpackung der Zucker an erster oder zweiter Stelle, enthält dieses Lebensmittel besonders viel Zucker.
- Ich esse fettreiche oder sehr zuckerhaltige Lebensmittel nur selten.
- Wenn ich viel genascht habe, putze ich mir die Zähne.
- Säure greift die Zähne an. Bei säurehaltigen Lebensmitteln (zum Beispiel Cola, Fruchtsäfte, Obst) achte ich besonders auf meine Zahnpflege und putze mir die Zähne nach einer halben Stunde.

Wünsche und Bedürfnisse

Didaktisch-methodische Anmerkungen

Was machst du den ganzen Tag?

Lernziele: Die Kinder sollen
- den eigenen Tagesablauf mit dem einer anderen Person vergleichen,
- erkennen, dass jeder über unterschiedlich viel Freizeit verfügt.

Mein Tag (Leporello, S. 25)
Die Kinder legen für sich und eine andere Person aus der Familie für jeden Tag einer Woche ein Beobachtungsblatt (Vorlage siebenmal kopieren) über Arbeitszeit, Pflichten und Freizeit an. Die Beobachtungsblätter werden als Leporello aneinandergeklebt und nach einem Vergleich in der Portfolio-Mappe gesammelt.

Das machen wir in unserer Freizeit

Lernziele: Die Kinder sollen
- Spielplätze als Möglichkeiten zur Freizeitgestaltung erkunden,
- sich über Freizeitaktivitäten früher und heute erkundigen.

Spielplatz-Steckbrief (S. 25)
Die Kinder erkunden Spielplätze in ihrer Wohn- und Schulumgebung. Dabei eruieren sie die Spielmöglichkeiten jedes Spielplatzes und besonders attraktive Spielmöglichkeiten, aber auch Mängel. Die Zeichnungen und Fotos der Kinder werden für eine Ausstellung in der Schule verwendet, bei der alle Schüler ihren Lieblingsspielplatz wählen.

Befragung „So viel Freizeit" (S. 26)
Neben den Freunden werden auch die Großeltern miteinbezogen, um den Wandel in der Freizeitgestaltung deutlich zu machen. Zusätzlich können Freizeitbroschüren der Gemeinde ausgewertet werden. Denkbar ist auch, dass Vertreter von Vereinen oder Eltern von Schülern ihre Hobbys vorstellen.

Wir nutzen verschiedene Medien

Lernziele: Die Kinder sollen
- wissen, dass es verschiedene Medien gibt,
- berichten, welche Medien sie kennen und nutzen,
- erkennen, dass Medien informieren und unterhalten können,
- für ihre Altersstufe geeignete TV-Sendungen begründet auswählen,
- mit einer Kinder-Suchmaschine im Internet erste Erfahrungen sammeln.

Der Forscherauftrag *„Unterwegs mit den Medien-Detektiven"* (S. 26) regt zum Gespräch über Vor- und Nachteile verschiedener Medien an. Die Kopiervorlage wird von jedem Kind täglich eine Woche lang bearbeitet (pro Kind siebenmal kopieren).

Wir machen unsere Fernsehzeitung selber (S. 27)
Die Kinder sollen anhand der Handlungskarte ihre eigene Fernsehzeitung gestalten. Dazu können sie, sofern ausreichende Computerplätze zur Verfügung stehen und das entsprechende Vorwissen vorhanden ist, auch den Computer nutzen. Die von den Kindern gestaltete Fernsehzeitung wird abschließend entweder vergrößert im Klassenzimmer ausgestellt oder für jedes Kind kopiert.

Alles über unsere Lieblingstiere im Internet (S. 27)
Dieser Arbeitsauftrag setzt bereits Grundkenntnisse (z. B. Ein- und Ausschalten, Bedienen der Maus usw.) im Umgang mit dem PC voraus. Am besten arbeitet jeweils ein Team aus zwei bis drei Kindern mit mindestens einem „Computerspezialisten" zusammen. Die Internet-Recherche mit der vorgestellten Suchmaschine sollte beim Erarbeiten anderer Sachthemen wiederholt werden.

Das mache ich mit meinem Geld

Lernziel: Die Kinder sollen
- anhand eines festen Geldbetrages nach Möglichkeiten suchen, mit Geld überlegt umzugehen.

Befragung „Das mache ich mit meinem Geld" (S. 28)
Die Kinder sammeln sowohl eigene als auch fremde Ideen, wofür sie einen festen Geldbetrag ausgeben könnten, und beurteilen die Befragungsergebnisse in der Kleingruppe.

Das kann ich mir mit Geld nicht kaufen

Lernziele: Die Kinder sollen
- darüber nachdenken, was sie sich nicht mit Geld kaufen können,
- eine Sammlung von Wünschen anlegen, die sie sich nicht mit Geld erfüllen können.

Schatztruhe „Das alles kannst du nicht kaufen" (S. 28)
Die Sammlung wächst im Laufe eines Schuljahres und ist in regelmäßigen Zeitabständen Gesprächsanlass im Erzählkreis.

Mein Tag

Mein Tag	Der Tag von ______________
Vormittag	Vormittag
Nachmittag	Nachmittag
Abend	Abend
Nacht	Nacht
Tipp: Kennzeichne Freizeit und Arbeit mit unterschiedlichen Farben.	Heute ist ______________________

Spielplatz-Steckbrief

Straße: ______________________________

Zahl der Spielgeräte: __________

Das ist das Beste an diesem Spielplatz: ______________________

____

Das finde ich nicht gut: ______________________

____

Meine Note für diesen Spielplatz: ________

Tipp:
Macht von allen Spielmöglichkeiten Zeichnungen oder Fotos.

So viel Freizeit

Das mache ich gern in meiner Freizeit:	Das macht ______ gern in der Freizeit:	Das machte ______ als Kind:

Unterwegs mit den Medien-Detektiven

Name: ______________________ Datum: ______________

Medien	Nachmittag: ______ Minuten	Abend: ______ Minuten	Medien informieren oder unterhalten dich. Schreibe auf, was zutrifft.

Wir machen unsere Fernsehzeitung selber

So wird es gemacht:

- Wählt aus der Fernsehzeitung Kindersendungen für die nächste Woche aus. Begründet eure Wahl.
- Gestaltet für jeden Tag eine Programmseite.
  Darüber informiert jede Seite:
  Wochentag, Datum, Beginn und Ende der Sendungen, Titel der Sendungen, Programme
  Beispiel:

Montag, 13. Dezember 2006		
15.00 Uhr bis 15.20 Uhr	**Spürnase**	KI.KA

Alles über unsere Lieblingstiere im Internet

So wird es gemacht:

- Stellt eine Verbindung mit dem Internet her.
- Setzt den Cursor ⇧ der Maus auf das Feld **Adresse.**
- Schreibt in das leere Adressenfeld **www.blinde-kuh.de**

- Drückt auf der Tastatur die Enter-Taste ↵
- Die Internetseite **Blinde Kuh** öffnet sich.
- Setzt den Cursor ⇧ der Maus auf den leeren Kasten der Suchmaschine. Schreibt den Namen eures Lieblingstieres (zum Beispiel **Katzen**) hinein.
- Setzt den Cursor ⇧ der Maus auf das Feld **Suchen.** Klickt die linke Maustaste an.

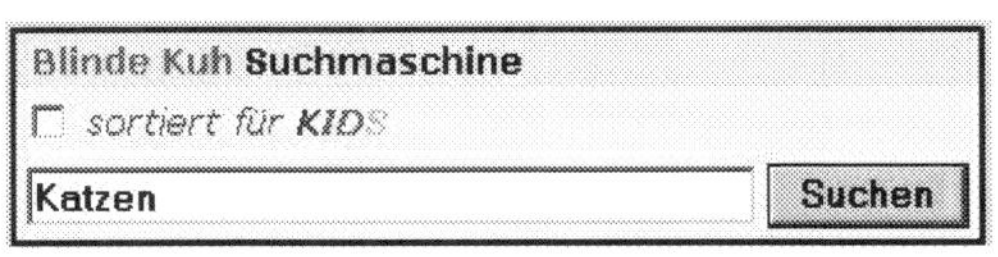

- Die Seite mit den gefundenen Treffern zum Suchwort öffnet sich. Das kann etwas dauern.
- Lest die Zusammenfassungen zu eurem Suchbegriff. Habt ihr etwas Interessantes gefunden, setzt ihr den Cursor ⇧ der Maus darauf. Ein Handsymbol erscheint. Drückt die linke Maustaste. Jetzt öffnet sich die Internetseite mit dem ganzen Text.
- Ist der Drucker angeschlossen? Dann setzt ihr den Cursor auf das Druckersymbol in der oberen Leiste (Symbolleiste). Drückt die linke Maustaste. Der Text wird ausgedruckt.

Das mache ich mit meinem Geld

Du bekommst 5 Euro. Du darfst damit machen, was du willst.	Du bekommst 10 Euro. Du darfst damit machen, was du willst.
Das mache ich damit:	Das mache ich damit:
Das macht ________________ damit:	Das macht ________________ damit:
Das macht ________________ damit:	Das macht ________________ damit:

– Wie denkt ihr über die verschiedenen Möglichkeiten?
  Sprecht in der Gruppe darüber.

Schatztruhe „Das alles kannst du nicht kaufen“

Das braucht ihr:

– Schachtel mit Deckel, Alufolie oder Goldfolie, Tonpapier, Tonkarton, Filzstifte oder Goldstift, Bleistift, Lineal, Schere, Klebstoff

So wird es gemacht:

– Beklebt die Schachtel und den Deckel mit Alufolie oder Goldfolie.
– Verziert die Schachtel mit Sternen oder anderen Figuren.
– Schneidet Karten (Größe eines kleinen Heftes) aus Tonkarton.
– Legt die Karten, die Filzstifte (oder den Goldstift) zur Schatztruhe.

Was steht auf den Karten?

– Schreibt oder malt Wertvolles, das ihr nicht für Geld bekommt.
– Ihr könnt auch Bilder oder Fotos aufkleben.
– Legt die fertigen Karten in die Schatztruhe.
– Sprecht regelmäßig über eure Schätze.

Tipp: Sammelt auch besondere Fundstücke (Steine, leeres Schneckenhaus …) in der Schatztruhe.

Ellys Lexikon

Was machst du den ganzen Tag?
- Jeder arbeitet und erfüllt Pflichten.
- Menschen haben auch Freizeit.
- Menschen teilen sich ihre Zeit unterschiedlich ein.
- Nicht jeder hat gleich viel Freizeit.

Unsere Freizeit
- In der Freizeit haben wir für unsere Lieblingsbeschäftigungen (Hobbys) Zeit.
- Vereine und Freizeiteinrichtungen bieten uns viele Möglichkeiten an, unsere Freizeit sinnvoll zu gestalten.
- Früher verbrachten die Menschen ihre Freizeit oft anders als heute. Sie hatten meist auch weniger Freizeit als heute.

Wir nutzen verschiedene Medien
- Medien sind Bücher, Zeitschriften, Kassetten, CDs, Videos, DVDs, Fernsehen und Computer.
- Medien informieren oder unterhalten mich.

Das mache ich mit meinem Geld
- Mit Geld kann ich vieles machen: etwas kaufen, sparen, für einen guten Zweck spenden, verschenken, einem guten Freund leihen.
- Die Menschen verdienen mit ihrer Arbeit Geld.
- Ich kann nicht alles kaufen: Freunde ...
- Ich überlege mir genau, was ich mit meinem Geld mache.

Zusammenleben

Didaktisch-methodische Anmerkungen

Meine Familie

Lernziele: Die Kinder sollen
- über eigene Möglichkeiten der Mitentscheidung in der Familie sprechen,
- familiäre Konfliktsituationen nachspielen und gemeinsam nach Lösungen suchen.

Fragebogen „Das darf ich mitentscheiden" (S. 31)
Nach dem Ausfüllen des Fragebogens diskutieren die Kinder in der Kleingruppe ihre Ergebnisse.

Rollenspiel „Familienrat" (S. 31 f.)
Die Bilder der Familienmitglieder werden laminiert und ausgeschnitten. Anschließend werden die Figuren mit Klebestreifen an einem Kochlöffel befestigt. Die Kinder bearbeiten eine Situationskarte gemeinsam in der Kleingruppe. Lösungen, bei denen sich möglichst alle beteiligten Familienmitglieder wohlfühlen, stellen sie der Klasse vor.

Ich wünsche mir ein Haustier

Lernziele: Die Kinder sollen
- verschiedene Informationsquellen (z. B. Befragung, Sachbuch, Internet) nutzen, um die Bedürfnisse eines Wunsch-Haustieres kennenzulernen,
- aufgrund der gesammelten Informationen abwägen, ob sie die Voraussetzungen für eine verantwortliche Tierhaltung erfüllen,
- über einige Haustiere näher Bescheid wissen.

Steckbrief meines Wunsch-Haustieres (S. 33)
Unabhängig davon, ob sie dieses Haustier bereits haben oder sich wünschen, entscheiden die Kinder sich für ein Haustier, zu dem sie Informationen sammeln und in einem Steckbrief eintragen. Dabei schließen sich Kinder, die zum gleichen Haustier Informationen sammeln, zu einer Arbeitsgruppe zusammen.

Passt mein Wunsch-Haustier zu mir und meiner Familie? (S. 33)
Nach dem Ausfüllen des Fragebogens treffen die Kinder eine begründete Entscheidung für oder gegen ihr Wunsch-Haustier. Dabei können sie auch Argumente im Gesprächskreis austauschen.

Haustier-Terzett (S. 34)
Die Karten werden laminiert. Alle Mitspieler erhalten gleich viele Karten. Reihum ziehen sie voneinander je eine Karte. Wer drei Karten hat, die zusammenpassen, legt sie als Terzett ab. Sieger ist, wer zuerst keine Karten mehr hat. Variante: Die Kinder teilen die Bildkarten untereinander auf, die Textkarten liegen verdeckt auf einem Stapel. Abwechselnd dreht jeweils ein Kind eine Karte um und liest den Text vor. Wer das passende Tier hat, erhält die Karte. Sieger ist, wer zuerst sein(e) Terzett(e) komplett hat.

Ellys Lexikon

In der Familie
- Jeder hat Wünsche, Rechte und Pflichten.
- Manches kann ich schon mitentscheiden.
- Wenn wir uns gegenseitig helfen und gemeinsam nach einer Lösung suchen, fühlen sich alle wohl.

Ich wünsche mir ein Haustier
- Die Pflege eines Tieres kostet Zeit und Geld.
- Mit einem eigenen Haustier übernehme ich eine große Verantwortung.
- Ich muss mir vorher genau überlegen, ob sich das Tier bei uns wohlfühlt.

Das darf ich mitentscheiden

☐ Kleidung

☐ Pausenbrot

☐ Mittagessen

☐ Fernsehprogramm

☐ Möbel in meinem Zimmer

☐ Möbel in anderen Zimmern

☐ Freizeit

☐ Urlaubsziel

____

____

Das würde ich gern mitentscheiden:

____

____

Was darfst du nicht mitentscheiden?
Was dürfen andere Kinder mitentscheiden?
Warum könnt ihr nicht immer mitentscheiden?
Sprecht in der Gruppe darüber.

Familienrat

So wird es gespielt:

- Wählt gemeinsam eine Karte aus und lest die Geschichte laut vor.
- Schreibt die Namen der Kinder mit einem wasserlöslichen Folienstift auf die Figuren.
- Verteilt die Rollen und spielt die Geschichte nach.
- Wie könnte die Geschichte ausgehen? Überlegt gemeinsam.
- Spielt eine Lösung. Wie fühlt sich am Ende jeder in der Familie? Sprecht darüber.
- Denkt euch noch andere Möglichkeiten aus. Sprecht danach immer über eure Gefühle.
- Bei welcher Lösung fühlen sich die meisten Familienmitglieder wohl?
- Denkt euch auch selber Familiengeschichten aus.

Familienmitglieder

Situationskarten

Die Eltern möchten eine Radtour machen. Simon und seine Schwester Lisa wollen lieber ins Freibad.	Lenas Freundin Mona kommt. Mama will einkaufen gehen. Deshalb sollen sich die Mädchen um Lenas kleinen Bruder Tim kümmern.	Pascal und sein Bruder Kevin sehen gerade ihre Lieblingssendung. Mama will, dass die Jungen den Tisch für das Abendessen decken.
Es gibt Katrins Lieblingsspeise: Süßer Reis mit Kompott. Ihr Bruder Felix mag keinen Reis. Er findet es ungerecht, dass es heute Reis gibt	Alina und ihre Schwester Sofie wünschen sich unbedingt eine Katze. Ihre Mama ist allergisch gegen Katzenhaare.	Patrick versteht die Rechenaufgabe nicht. Aber Mama kümmert sich nur um seine kleine Schwester Lorena.
Eric und seine Schwester Nina wollen in den Ferien nach Italien fahren. Die Eltern sagen: „Das können wir uns dieses Jahr nicht leisten.“	Martin geht ins Kino. Sein kleiner Bruder Jonas ist sauer. Er darf nicht mitgehen, weil der Film erst ab zwölf Jahren frei ist.	Heute regnet es. Viktor und seine Schwester Eva toben wild im Kinderzimmer herum. Mama liegt mit Kopfschmerzen auf dem Sofa.

Steckbrief meines Wunsch-Haustieres

Mein Wunsch-Haustier ist ______________________________

Kennzeichen/Aussehen	Nahrung
______________________	______________________
______________________	______________________
______________________	______________________
Unterbringung	**Pflegetipps**
______________________	______________________
______________________	______________________
______________________	______________________
Wissenswertes/Interessantes	**Bild meines Wunsch-Haustieres**
______________________	
______________________	
______________________	
______________________	
______________________	

- Frage Kinder, die dein Wunschtier als Haustier haben.
- Lies in einem Sachbuch über Haustiere nach.
- Informiere dich auch im Internet (zum Beispiel www.blinde-kuh.de).

Passt mein Wunsch-Haustier zu mir und meiner Familie?

Lies die Sätze. Entscheide dann, was für dich zutrifft.

	Stimmt.	Stimmt nicht.
Wir haben genügend Platz für mein Wunschtier.	☺	☹
Ich habe täglich Zeit, um mit meinem Tier zu spielen.	☺	☹
Ich reinige den Käfig regelmäßig selber.	☺	☹
Ich füttere mein Tier selber.	☺	☹
In meiner Familie ist keiner allergisch gegen mein Tier.	☺	☹
Wenn wir wegfahren, weiß ich, wer mein Tier versorgt.	☺	☹

Zwergkaninchen 	• Dieses Tier hat lange Ohren. • Ist es gesund, dreht es die Ohren immer in die Richtung, aus der Geräusche kommen. • Außerdem zuckt es mit der Nase.	• Hebe dieses Tier nie an den Ohren hoch. • Halte das Tier immer dicht an deinem Körper und stütze es mit beiden Armen.
Goldhamster 	• Dieses Tier schläft am Tag. • Du kannst erst am Abend mit ihm spielen. • Am besten fütterst du dieses Tier auch erst am Abend.	• Dieses Tier hat einen kurzen Schwanz. • Es trägt das Futter in seinen Backentaschen herum.
Katze 	• Dieses Tier ist sehr reinlich. • Es putzt sich ausgiebig nach jeder Mahlzeit. • Es braucht sein eigenes Klo in der Wohnung.	• Es spielt mit allem, was sich bewegt. • Das Tier klettert gut. Der lange Schwanz hilft beim Balancieren. • Mit den Krallen kann es sich gut festhalten.
Meerschweinchen 	• Neugeborene haben bereits ein Fell. • Die Babys können schon sehen und hören. • Zwei Tage nach der Geburt fressen die Babys feste Nahrung.	• Dieses Tier hat keinen Schwanz. • Es kann nicht gut klettern. • Es gibt langhaarige und kurzhaarige Tiere. • Langhaarige Tiere müssen regelmäßig gebürstet werden.
Wellensittich 	• Hänge einmal in der Woche frische Kolbenhirse in den Käfig. • Neben Samen braucht dieses Tier auch regelmäßig etwas Salat oder Obst (Apfel, Karotte).	• Hänge dem verspielten Tier eine Leiter, ein Glöckchen oder einen Spiegel in den Käfig. • Im Käfig sollte aber noch genügend Platz zum Bewegen sein.
Hund 	• Mit diesem Tier musst du oft draußen spazieren gehen. • Das Tier ist wie ein Familienmitglied. Bei genügend Zuwendung ist es bald dein Freund.	• Für dieses Tier brauchst du ein Halsband und eine Leine. • Außerdem braucht es ein festes Lager in der Wohnung, zum Beispiel einen großen Korb.

Leben mit der Natur

Didaktisch-methodische Anmerkungen

Die Hecke im Jahreslauf

Lernziele: Die Kinder sollen
- jahreszeitliche Veränderungen einer Hecke beobachten und festhalten,
- sich bei den Unterrichtsgängen verantwortungsvoll gegenüber Tieren und Pflanzen der Hecke verhalten.

Unser Hecken-Kalender (S. 36)
Neben einem individuellen Heckenkalender für die Portfolio-Mappe gestalten die Kinder einen Gemeinschaftskalender. Dazu wählen sie jeden Monat besonders gelungene Bilder oder Materialien (z. B. gepresste Blätter und Blüten) aus. Die an einer Wandleiste befestigten Kalenderblätter zeigen die jahreszeitlichen Veränderungen der Hecke besonders deutlich.

Heckenausstellung im Jahreskreis (S. 36)
Für diese Ausstellung zur jeweils aktuellen Jahreszeit benötigt man einen Tisch und eine Stell- oder Pinnwand. Alle Fundstücke werden mit Namenskarten versehen. Die Kinder fertigen aus ihren Zeichnungen und Bildern Plakate an. Fühl- und Guckkästen sowie Riech- und Schütteldosen ermöglichen den Besuchern einen aktiven Umgang mit den Materialien.
Empfohlener Naturführer: Der neue Kosmos Tier- und Pflanzenführer (Franckh-Kosmos, Stuttgart 2005)
Empfohlene Internet-Suchmaschine für Kinder: **www.blinde-kuh.de**

Tiere der Hecke

Lernziele: Die Kinder sollen
- Kleinlebewesen voneinander unterscheiden können,
- einige Heckentiere benennen können,
- auf Tierspuren achten und Rückschlüsse auf Nahrungsbeziehungen ziehen,
- eine Spinne artgerecht halten und ihre Lebensweise beobachten.

Steckbriefe von Kleinlebewesen (S. 37)
Die Kinder betrachten kurzzeitig gefangene Kleinlebewesen unter der Becherlupe genau und zeichnen sie möglichst detailliert. Mithilfe kindgemäßer Naturführer benennen sie einige der gefangenen Tiere.

Unterwegs mit den Hecken-Detektiven (S. 37)
Bei Unterrichtsgängen zu verschiedenen Jahreszeiten achten die Kinder besonders auf die Vielfalt möglicher Spuren und sammeln Spurenmaterial (Karton „Spuren-Sicherung“) für die Hecken-Ausstellung. Auf dem Abschnitt „Tatort Hecke“ dokumentieren sie die gefundenen Spuren und äußern Vermutungen dazu.

Schnapp-Spiel Heckentiere (S. 38)
Die Vorlage wird ggf. auf DIN-A3-Format vergrößert und zerschnitten.
Die Karten mit den Tiernamen liegen sichtbar in der Mitte, während die Rätselkarten verdeckt auf einem Stapel liegen. Reihum zieht ein Kind eine Rätselkarte und liest sie laut vor. Wer zuerst die passende Karte mit dem Tiernamen schnappt, erhält beide Karten. Bei Fehlern wird die Rätselkarte wieder unter den Stapel gelegt. Die Kinder können das Spiel mit eigenen Rätselkarten zu anderen Heckentieren oder zu Heckenpflanzen erweitern. Variante: Mit den Karten können die Kinder auch „Paare finden“ spielen (vgl. „Memory“).

Pflanzen der Hecke

Lernziele: Die Kinder sollen
- einige Blütenpflanzen und Sträucher unterscheiden und benennen,
- Heckenfrüchte untersuchen,
- mit Heckenpflanzen und deren Früchten spielerisch umgehen,
- sich über die Entwicklung von der Blüte zur Frucht informieren.

Wir untersuchen Heckenfrüchte (S. 39)
Die Kinder beschreiben das Äußere und Innere der verschiedenen Früchte und halten ihre Ergebnisse auf dem unteren Abschnitt fest. Trennt man diesen später vom oberen Teil der Vorlage, erhält man ein Heckenfrüchte-Rätsel: Dazu wird das Namensfeld (= Lösung) auf dem unteren Abschnitt nach hinten geknickt; jetzt können die Kinder überprüfen, ob sie die verschiedenen Früchte genau kennen.

Pflanzen-Steckbriefe (S. 40)
Die Kinder ordnen als Hecken-Detektive einige Pflanzen-Steckbriefe realen Pflanzen zu. Die Steckbriefe enthalten jahreszeitliche Besonderheiten zu Blüte und Frucht, damit die Zuordnung zu verschiedenen Jahreszeiten wiederholt werden kann. Die Blanko-Karten (mehrfach kopieren und ggf. vergrößern) dienen den Kindern als Vorlage für weitere Steckbriefe.

Heckenpflanzen-Würfelspiel (S. 41)
Die Kinder kleben Heckenfrüchte, gepresste Blätter und Blüten von Heckenpflanzen auf Karten aus Karton. Sie spielen das Würfelspiel und wiederholen dabei immer wieder ihr Wissen über Heckenpflanzen. Das Würfelspiel lässt sich mit Fotos, Bildern oder Zeichnungen von Tieren erweitern.

Unser Hecken-Kalender

Das braucht ihr:
- zwölf Blätter Zeichenpapier DIN A4 (stärkere Papierqualität)
- Bleistift, Buntstifte, Filzstifte, Klebstoff, Schere, Heftstreifen
- Klemmbrett und Papier, kleine Schachteln mit Deckel
- Becherlupe, Wattestäbchen, Naturführer
- nach Möglichkeit einen Fotoapparat (für die Gruppe)

So wird es gemacht:
- Besucht einmal im Monat eine Hecke.
- Betrachtet die Pflanzen genau. Tragen sie Blätter, Blüten oder Früchte? Zeichnet oder fotografiert. Sammelt nur wenige, verschiedene Pflanzenteile in den Schachteln. Presst später die gesammelten Blätter oder Blüten.
- Sucht nach Tierspuren. Das können Kot, angefressene Früchte, Bodenspuren, Nester, Erdlöcher oder Federn sein.
  Macht Notizen oder Zeichnungen davon. Sammelt Federn oder angefressene Früchte in den Schachteln.
- Welche Tiere entdeckt ihr? Setzt mit den Wattestäbchen kleine Tiere (Käfer, Würmer, Raupen …) für kurze Zeit in die Becherlupen. Betrachtet die Tiere und zeichnet sie möglichst genau ab. Wenn ihr euch ruhig verhaltet, könnt ihr vielleicht Schmetterlinge oder Vögel beobachten. Macht Notizen.
- Wählt Zeichnungen, Fotos und Beschreibungen aus. Gestaltet damit die Kalenderblätter und heftet sie zusammen.

Unsere Hecken-Ausstellung

Das braucht ihr:
- gesammeltes Material vom Heckenbesuch, Naturführer
- zwei Schuhschachteln mit Deckel, Fotodosen
- Tonpapier, Klebstoff, Schere, Stifte, alte Socke ohne Spitze

So wird es gemacht:
- Beklebt die Schachteln mit Tonpapier.
- *Guckkasten:* Schneidet in die Schachtel mehrere Gucklöcher.
- *Fühlkasten:* Schneidet in die Schachtel ein Loch, durch das eine Hand passt. Befestigt die Socke rund um das Loch.
- Füllt in die Fotodosen Material, das kräftig riecht (Kräuter …) oder Material zum Schütteln (leere Schneckenhäuser …).
- Beschriftet die ausgestellten Materialien mit Namenskarten. Schlagt in einem Naturführer nach.
- Gestaltet ein Plakat mit Blättern, Fotos und Zeichnungen.

Wir sammeln kleine Lebewesen der Hecke

Das braucht ihr:
- Regenschirm, Wattestäbchen, Becherlupen, Klemmbrett mit Papier, Stifte, Naturführer

So wird es gemacht:
- Dreht den Regenschirm um. Haltet ihn unter einen Strauch.
- Schüttelt den Strauch. Setzt die Kleinlebewesen vorsichtig mit den Wattestäbchen in die Becherlupen.
- Zeichnet die Kleinlebewesen. Schlagt im Naturführer nach.

Steckbrief eines Kleinlebewesens

Bild	Name/Kennzeichen
	______________________
	______________________
	______________________

Unterwegs mit den Hecken-Detektiven

Das braucht ihr:
- Schachtel mit Deckel (mit Aufschrift „Spuren-Sicherung"), Fotodosen für kleine Spuren, Klemmbrett mit Papier, Stifte, Fotoapparat, Naturführer

Danach könnt ihr suchen:
- Trittspuren, Schneckenhäusern, Fraßspuren an Rinde, Blättern, Früchten ...;
- Federn, Eierschalen, verlassenen Vogelnestern, Spinnennestern, Erdlöchern, Kot

---

Tatort Hecke

Spur gefunden am: ______________________

Wer hat das gemacht? ______________________

Was ist vermutlich passiert? ______________________

____

____

Kreuzspinne	Kleiner Fuchs	Marienkäfer
Ohrwurm	Schnecke	Regenwurm
Zauneidechse	Haselmaus	Rotkehlchen
Kohlmeise	Neuntöter	Igel
Ich habe acht Beine. Auf meinem Hinterteil ist ein Kreuz. Gefangene Insekten töte ich mit einem Giftbiss. Für dich bin ich nicht gefährlich.	Meine braunen Flügel haben gelbe und schwarze Flecken. Außen sind sie blau und schwarz gemustert. Als Raupe fresse ich Brennnesseln.	Ich fresse gern Blattläuse. Bei Gefahr stelle ich mich tot. Ich bin rot. Die Zahl meiner Punkte sagt nichts über mein Alter.
Ich trage hinten zwei große Zangen. Am Tag verstecke ich mich unter Steinen. Nachts fresse ich Pflanzenteile und Insekten.	Ich lebe unter Büschen und fresse gern Kräuter. Regnet es lange nicht, verschließe ich mein Haus mit einem Schleimhäutchen.	Ich lebe meist unter der Erde. Mein Essen besteht aus abgestorbenen Pflanzenteilen. Ich lockere den Boden auf.
Ich lebe an Böschungen und habe es gern trocken und sonnig. Bei Gefahr werfe ich meinen Schwanz ab, der wieder nachwächst.	Ich habe ein rotbraunes Fell und einen langen behaarten Schwanz. Ich bin nachts munter. Dann fresse ich Insekten, Früchte und Samen.	Ich bin vom Gesicht bis zur Brust orange gefärbt. Kleintiere und Beeren sind meine Nahrung. Mein Nest baue ich auch oft am Boden.
Ich suche in Sträuchern nach Insekten. Im Winter fresse ich Samen. Kopf, Kehle und Brustband sind schwarz.	Ich halte hoch oben im Strauch Ausschau nach Fröschen, Mäusen und Insekten. Was ich nicht gleich fresse, spieße ich auf Dornen auf.	Ich bin nachts aktiv und fresse Frösche, Mäuse, Schlangen und Schnecken. Ich trage ein Stachelkleid. Mein größter Feind ist das Auto.

Wir richten ein Spinnarium ein

Das braucht ihr:
- einen größeren Plastikbehälter oder ein altes Aquarium
- ein Stück luftdurchlässigen Stoff (zum Beispiel dicht gewebte Gardine), Bindfaden, ein leeres Marmeladenglas, den Schraubdeckel einer Saftflasche
- Gartenerde, Laub, frische Zweige mit Blättern, trockene Zweige

So wird das Spinnarium eingerichtet:
- Bedeckt den Boden des Behälters mit Erde. Streut Laub darüber.
- Füllt das Glas mit Wasser und stellt frische Zweige hinein. Setzt das Glas ins Spinnarium.
- Verteilt die trockenen Zweige im Spinnarium.
- Stellt den Deckel mit Wasser in den Behälter.
- Setzt nur eine Spinne im Behälter aus.
- Deckt das Spinnarium mit dem Stoff ab und bindet ihn mit dem Faden fest.

Das könnt ihr machen:
- Beobachtet die Spinne jeden Tag.
- Schreibt und zeichnet dazu.

Wichtig: Versorgt eure Spinne regelmäßig mit lebenden Fliegen. Lasst die Spinne nach einigen Tagen dort frei, wo ihr sie gefunden habt.

Wir untersuchen Heckenfrüchte

Das braucht ihr:
- Heckenfrüchte, Lupen, Obstmesser, Schneidebrettchen, Stifte

So wird es gemacht:
- Betrachtet die Frucht genau von außen. Zeichnet sie. Schreibt auf, wie sie aussieht.
- Schneidet die Frucht auf. Schreibt auf, was ihr seht. Zeichnet die Frucht genau von innen.

Die Frucht heißt	außen	innen
____________		
Sie wächst ____________	____________	____________
____________.	____________	____________

Pflanzen-Steckbriefe

Hasel

Höhe: zwei bis fünf Meter
Blattform: oval, Unterseite behaart, kurze Spitze, gesägter Blattrand
Blüte: Anfang Frühjahr; gelbe, kleine Würste (Palmkätzchen) und kleine rötliche Blüten aus grünen Knospen
Frucht: Haselnuss mit brauner, glatter Schale, essbar

Schwarzer Holunder

Höhe: bis sieben Meter
Blattform: länglich, gesägter Blattrand, spitz
Blüte: im späten Frühjahr und im Frühsommer; viele kleine weiße Blüten, die in großen, flachen Blütendolden angeordnet sind; stark duftend
Frucht: schwarze Beeren, nur gekocht essbar, reich an Vitamin C

Brombeere

Höhe: bis fünf Meter
Blattform: eiförmig, spitz, gezackter Rand, fingerartig angeordnet, unten kleine Stacheln
Blüte: weiße oder rosa Blüten, fünf kleine Blütenblätter
Frucht: schwarzrot bis schwarz; Gefahr: Fuchsbandwurm, deshalb vor dem Essen waschen und kochen!
Zweig: hakenförmige Stacheln

Pfaffenhütchen

Höhe: zwei bis fünf Meter
Blattform: länglich, spitz, fein gezackter Rand
Blüte: gelblich bis grün, viele kleine Blütenblätter
Frucht: rosa- bis lilafarbene Kapseln, orange Samen, wenn sich die Kapseln öffnen
Vorsicht: Die Frucht ist für den Menschen giftig!

Heckenrose

Höhe: ein bis zwei Meter
Blattform: eiförmig, scharf gezackter Rand
Blüte: im Juni; fünf rosa Blütenblätter, stark duftend, lockt viele Insekten an
Frucht: Hagebutte, rot, länglich, reich an V tamin C, schmeckt in Tee und Marmelade
Zweig: mit hakenförmigen Stacheln

____

Höhe: ____________________
Blattform: ____________________
____
Blüte: ____________________
____
____
____
Frucht: ____________________
____
Zweig: ____________________
____

Unser Heckenpflanzen-Würfelspiel

Das braucht ihr:
- gepresste Blätter und Blüten von Heckenpflanzen, Heckenfrüchte, Fotos oder Zeichnungen von Heckenpflanzen
- Klebstoff, Karten aus Karton, Stift, Würfel, fünfzehn kleine Kieselsteine, Spielfiguren für alle Mitspieler

So wird es gemacht:
- Klebt die Blätter, Blüten, Früchte und Bilder auf die Karten.
- Schreibt auf die Unterseite zur Kontrolle die Namen der Pflanzen.
- Schreibt auf eine Karte **Start.**
- Ordnet die Karten im Kreis an.

Spielregeln:
- Jeder stellt seine Spielfigur auf die Startkarte. Würfelt reihum. Der kleinste Mitspieler beginnt.
- Rückt die Spielfiguren nach der gewürfelten Augenzahl vorwärts. Sagt den Namen der Pflanze, auf der ihr zum Stehen kommt.
- Ist der Name richtig, nehmt ihr euch einen Kieselstein.
- Bei Fehlern gebt ihr einen Kieselstein zurück. Wer keine Steine hat, hüpft eine Runde auf einem Bein durch das Zimmer.
- Spielt so viele Runden, bis alle Steine verteilt sind. Sieger ist, wer zum Schluss die meisten Steine hat.

Wir bauen ein Heckenfrüchte-Mobile

Das braucht ihr:
- Heckenfrüchte, gepresste Blätter
- Gymnastikreifen oder ein Stück Maschendraht
- Basteldraht, Zange, Handbohrer

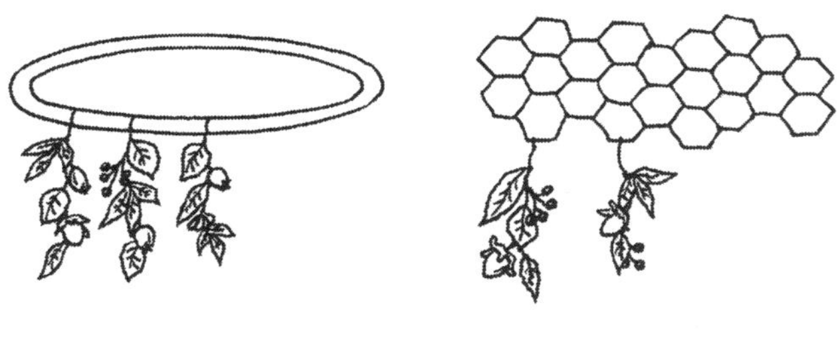

So wird es gemacht:
- Befestigt abwechselnd Blätter und Heckenfrüchte mit dem Draht aneinander.
- Jeder Anhänger sollte ungefähr zehn bis fünfzehn Zentimeter lang sein.
- Befestigt die Anhänger am Reifen oder am Maschendraht.
- Lasst euch den Reifen oder das Stück Maschendraht an der Decke im Klassenzimmer befestigen.

Ellys Lexikon

Die Hecke
- Die Hecke ist der Lebensraum vieler Pflanzen und Tiere.
- Sie schützt vor Wind und spendet Schatten.
- Sie bietet Tieren Versteck und Nahrung.
- Die Pflanzen und Tiere brauchen sich gegenseitig.
- Schmetterlinge zum Beispiel legen ihre Eier auf Sträuchern und Kräutern ab. Die geschlüpften Raupen sind für viele Vögel Nahrung.
- Vögel fressen auch Heckenfrüchte. Im Kot, den die Vögel auf den Boden fallen lassen, sind oft Pflanzensamen. Aus den Samen wachsen neue Blumen, Kräuter und Sträucher.

So verhältst du dich richtig:
- Bewege dich langsam und leise, damit du die Tiere nicht erschreckst und keinen Unterschlupf beschädigst.
- Reiße nie wahllos Zweige und Blüten ab.
- Iss nie rche oder unbekannte Heckenfrüchte.

Käfer

- Käfer haben **sechs Beine** und **zwei Fühler**.
- Manche Käfer können fliegen, manche schnell laufen.
- Käfer legen **Eier**. Aus den Eiern schlüpfen **Larven**. Die Larven verpuppen sich. Aus der **Puppe** schlüpft der fertige Käfer.

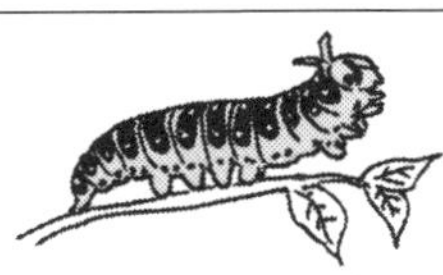

Schmetterlinge
- Schmetterlinge haben **zwei lange Fühler** mit dicken Enden.
- Sie haben **vier Flügel** und **sechs Beine**.
- Mit ihrem **Rüssel** saugen sie Nektar aus den Blüten. Wenn sie gerade nicht saugen, ist der Rüssel wie eine Schnecke eingerollt.
- Schmetterlinge legen ihre **Eier** auf die Pflanzen, von denen sich später die Raupen ernähren. Die geschlüpften **Raupen** fressen so lange, bis sie sich verpuppen. Aus der **Puppe** schlüpft der fertige Schmetterling.

Spinnentiere

- Sie haben **acht Beine.**
- Ihr Körper besteht aus einemTeil oder zwei Abschnitten.
- Viele Spinnen weben ein **Netz,** in dem sie ihre Beute fangen.
  Die Spinnfäden werden in **Drüsen am Hinterleib** erzeugt.
- Spinnen haben spitze **Kieferklauen,** die **Gift** absondern. Wenn sie ein Beutetier fangen, beißen sie es. Das Gift tötet oder lähmt die gefangenen Tiere.
- Spinnen sind sehr nützlich. Unsere heimischen Spinnen sind für den Menschen nicht gefährlich.

Die Entwicklung von der Blüte zur Frucht

- Die Blüten haben einen **Fruchtknoten** und **Staubgefäße.**
- Die Staubgefäße enthalten **Blütenstaub.**
- Der **Wind** oder **Insekten** tragen den Blütenstaub zu den Fruchtknoten anderer Blüten weiter. Das nennt man **Befruchtung.**
- Nach der Befruchtung wächst aus dem Fruchtknoten die **Frucht.**
- Hagebutten, Schlehen, Haselnüsse, Vogelbeeren und Brombeeren sind Heckenfrüchte.
- Im Herbst werden die Früchte **reif.** Sie dienen den Tieren der Hecke als Nahrung. **Manche Früchte** sind für den Menschen **giftig.**
- An Heckenfrüchten können winzige Eier des **Fuchsbandwurmes** hängen. Sie machen den Menschen sehr krank. Deshalb darfst du **Heckenfrüchte**

Orientierung in Zeit und Raum

Didaktisch-methodische Anmerkungen

Wie spät ist es?

Lernziele: Die Kinder sollen
- verschiedene Uhren betrachten und benennen,
- relative Zeitmesser bauen und erproben,
- analoge und digitale Uhrzeiten ablesen und einander zuordnen.

Unser Uhrenmuseum
Die Kinder bringen von zu Hause verschiedene Arten von Uhren mit. Die genauen Bezeichnungen (z. B. Taschenuhr, Sanduhr ...) werden auf Karten notiert und neben die Ausstellungsstücke gelegt. Fotos zeigen besonders große Uhren (z. B. Turmuhren). Interessant wäre auch ein Blick in das Innere einer mechanischen Uhr. Vielleicht lässt sich ein Uhrmacher als Experte in den Unterricht einladen.

Wir bauen eine Wasseruhr/Kerzenuhr (S. 45)
Die Lehrerin stellt die benötigten Materialien auf einem Versuchstisch bereit. Die Kinder bauen mit den Anleitungskarten einfache relative Zeitmesser nach und erproben deren Funktionsweise. Dies regt sie auch zum Experimentieren mit verschiedenen Einflussgrößen an. Versuchsskizzen und -ergebnisse sammeln sie in ihrer Portfolio-Mappe.

Uhrzeiten-Terzett (S. 46)
Die laminierten Karten werden gleichmäßig an die Mitspieler verteilt. Die Kinder ziehen reihum voneinander je eine Karte. Wer drei zusammengehörige Karten hat, legt sie offen als Terzett ab. Sieger ist, wer zuerst keine Karten mehr hat.

Der Kalender

Lernziele: Die Kinder sollen
- zyklisch wiederkehrende Ereignisse im Kalender auffinden,
- die Unterteilung des Jahres in Monate und Wochen erkennen,
- eigene Kalender gestalten,
- mit einem Kalender selbstständig umgehen.

Unser Kalender-Leporello (S. 47)
Die Lehrerin vergrößert und kopiert die Monatsübersichten (S. 47) in der benötigten Anzahl. Nach jedem Monat wird ein neues Kalenderblatt mit Ereignissen im Jahreskreis und im Schulleben angefügt. Das Leporello verdeutlicht die lineare Zeitabfolge. Es wird entweder an der Wand befestigt oder auf einem langen Tisch aufgestellt.
Alternative *Schachtel-Kalender:* Die Kinder verzieren zwölf gleich große Schachteln passend zum jeweiligen Monat und sammeln in jeder Schachtel Bilder, Fotos, kurze Berichte oder kleine Gegenstände zu wichtigen Ereignissen des aktuellen Monats. Im Monatsrückblick (oder auch zu späteren Zeitpunkten) werden die Monatsschachteln geöffnet und bieten vielfältige Erzählanlässe.

Kalender-Würfelspiel „Rund ums Jahr" (S. 48 f.)
Die Kinder gestalten den Spielplan farbig und malen jedes vierte Spielfeld rot an. Spielplan und Fragekarten werden laminiert. Die Kinder können das Spiel auch mit eigenen Fragekarten ergänzen.

Rund um unsere Schule

Lernziele: Die Kinder sollen
- ihre nähere Schulumgebung nach örtlichen Besonderheiten erkunden,
- die erkundete Umgebung in einem Modell nachbauen,
- im gebauten Modell Raum-Lage-Beziehungen versprachlichen,
- zum Modell einen einfachen Grundriss zeichnen und sich darin zurechtfinden.

Was ist wo? – Rund um unsere Schule (S. 50)
Die Lehrerin erstellt vor der Erkundungsrallye eine Liste mit markanten Gebäuden (Kirche, Kindergarten, Geschäfte …), Straßennamen und Straßenmarkierungen (z. B. Zebrastreifen). Jede Kleingruppe konzentriert sich auf eine Straße oder einen Straßenabschnitt, hält Gesehenes auf dem Erkundungsblatt fest, fotografiert es eventuell und zeichnet einfache Wegeskizzen.

Wir bauen unsere Schulumgebung nach (S. 50)
Auf einem Tisch legen die Kinder gemeinsam mit der Lehrerin die groben Straßenverläufe rund um die Schule fest und zeichnen sie auf Packpapier auf oder bestreuen sie mit Sand. Mithilfe der Erkundungsblätter und Skizzen bauen sie die Schulumgebung nach. Für die Gebäude verwenden sie Bauklötze mit Aufklebern zum Beschriften und legen zusätzlich Fotos von wichtigen Gebäuden oder Spielgeräten auf die Bauklötze.

Wir bauen eine Wasseruhr

Das braucht ihr:

- zwei Plastikbecher, zwei hohe Gläser mit geraden Seitenwänden, Stoppuhr, zwei wasserlösliche Folienstifte, Wasser

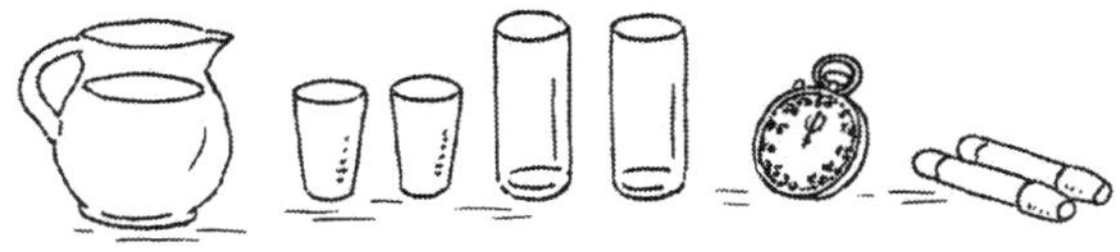

So wird es gemacht:

- Stecht in den einen Becher ein kleines Loch und in den anderen ein großes Loch.
- Stellt die Plastikbecher in die Gläser.
- Füllt die Plastikbecher gleichzeitig mit Wasser. Setzt sofort die Stoppuhr in Gang.
- Macht nach jeder Minute mit dem Folienstift einen Strich auf dem Trinkglas.

Was beobachtet ihr?

- Vergleicht die Abstände auf den Trinkgläsern.
- Überlegt, warum das so ist.
- Zeichnet den Versuch. Schreibt auf, was ihr herausgefunden habt.

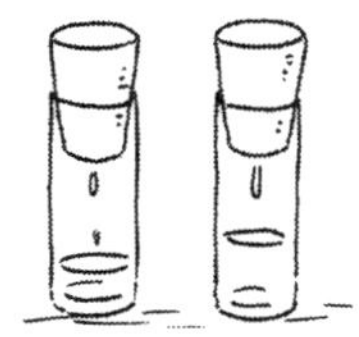

Wir bauen eine Kerzenuhr

Das braucht ihr:

- zwei gleich dünne und zwei gleich dicke Kerzen
- vier Kerzenständer, ein Backblech, Feuerzeug, Folienstift, Uhr

So wird es gemacht:

- Setzt die vier Kerzen auf die Kerzenständer.
- Stellt die dünnen und die dicken Kerzen jeweils nebeneinander auf das Backblech.
- Zündet eine dicke und eine dünne Kerze an. Schaut auf die Uhr.
- Macht nach einer halben Stunde einen Strich auf den Kerzen, die nicht brennen. Die Striche markieren die Höhe der brennenden Kerzen.

Was beobachtet ihr?

- Vergleicht die Markierungen auf der dicken und auf der dünnen Kerze.
- Überlegt, warum das so ist.
- Zeichnet den Versuch. Schreibt auf, was ihr herausgefunden habt.

Achtung: Lasst die brennenden Kerzen nicht allein!

Kartenspiel **Uhrzeiten-Terzett**

Es ist
drei Viertel acht
am Vormittag.

Es ist
zehn Minuten
nach acht Uhr
am Abend.

Es ist
halb zehn
am Morgen.

Es ist
eine Viertelstunde
nach zwölf Uhr
am Mittag.

Es ist
halb drei
in der Nacht.

Es ist
zwanzig Minuten
nach zehn Uhr
am Vormittag.

Es ist
zehn Minuten
nach drei Uhr
am Nachmittag.

Es ist
fünf Minuten
nach sieben Uhr
am Abend.

Es ist
10 Minuten
vor sechs Uhr
am Morgen.

Unser Kalender-Leporello

Das braucht ihr:

- zwölf Blätter Tonkarton in vier verschiedenen Farben (für jede Jahreszeit eine passende Farbe wählen)
- Klebstoff, Schere, Stifte, Klebeband

So wird es gemacht:

- Wählt für den aktuellen Monat ein Blatt Tonkarton aus. Klebt die Monatsübersicht auf. Schreibt den Monatsnamen dazu und ergänzt je nach Monat weitere Tage am Monatsende.
- Schreibt die Namen der Geburtstagskinder, Feiertage und Ferientage in die Monatsübersicht.
- Tragt ein, wenn etwas Wichtiges (Unterrichtsgang, Gäste, Feiern ...) in der Schule passiert.
- Verziert das Kalenderblatt mit aktuellen Zeichnungen und Bildern.
- Klebt das nächste Kalenderblatt am Monatsende mit dem Klebeband am alten Kalenderblatt fest.

Monatsübersicht zum Vergrößern und Kopieren

Monat ____________________

1		16	
2		17	
3		18	
4		19	
5		20	
6		21	
7		22	
8		23	
9		24	
10		25	
11		26	
12		27	
13		28	
14			
15			

Spielregeln zum Würfelspiel „Rund ums Jahr“

- Malt jedes vierte Feld rot an.
- Legt die Karten mit den Fragen verdeckt auf einen Stapel.
- Würfelt reihum. Der kleinste Mitspieler beginnt.
- Wer auf ein rotes Spielfeld kommt, hebt eine Karte ab. Beantwortet er die Frage richtig, würfelt er noch einmal. Ansonsten muss er eine Runde aussetzen.
- Die Karte wird wieder unter den Stapel gelegt.
- Wer das Zielfeld zuerst mit einer passenden Augenzahl erreicht, gewinnt.

Tipp: Kontrolliert die Antworten mit einem Kalender.

Kalender-Würfelspiel **Rund ums Jahr** (Frage-Karten)

Wie viele Monate hat das Jahr?	Nenne die vier Jahreszeiten.	Wie heißt der kürzeste Monat?	Wie viele Tage haben die längsten Monate?
Nenne die zwölf Monate in der richtigen Reihenfolge.	In welchem Monat feiern wir Neujahr?	In welchem Monat feiern wir Weihnachten?	Nenne ein Fest, das wir im Frühling feiern.
Nenne zwei Monate mit 31 Tagen.	Nenne zwei Monate mit 30 Tagen.	Wie viele Tage hat in diesem Jahr der kürzeste Monat?	In welchem Monat hast du immer Ferien?
Nenne zwei Feste, die wir im Winter feiern.	In welchem Monat kommt der Nikolaus?	Was feiern wir am 25. und 26. Dezember?	Was feiern wir am 1. Januar?
Nenne drei Monate im Winter.	Welcher Monat kommt nach Oktober?	Wie heißt der Monat vor dem Juni?	Was feiern wir am 31. Dezember?

Rund ums Jahr (Spielplan)

Was ist wo? – Rund um unsere Schule

Name der Straße: ______________________________

Das wollen wir suchen: ______________________________

____

____

____

Das haben wir gesehen (Gebäude, Zebrastreifen usw.):

Macht auch eine Skizze dazu.

____

____

____

____

____

____

Wir bauen unsere Schulumgebung nach

Das braucht ihr:
- Packpapier, Bauklötze mit Aufklebern, Stifte

So wird es gemacht:
- Beschriftet alle Bauklötze mit den Namen der Gebäude.
- Legt das Packpapier auf dem Tisch aus. Stellt zuerst die Schule auf.
- Überlegt gemeinsam, wie die Straßen rund um die Schule verlaufen. Zeichnet die Straßen auf. Schreibt die Straßennamen dazu. Tragt auch die Ampeln oder Zebrastreifen ein.
- Stellt die Gebäude auf. Euer Erkundungsblatt hilft euch.

Das könnt ihr machen:
- Umfahrt alle Bauklötze. Entfernt dann die Bauklötze. Beschriftet die leeren Rechtecke mit den Namen der Gebäude. Fertig ist euer Grundriss.
- Ein Kind beschreibt den Weg mit Worten, ohne den Weg zu zeigen. Die anderen Kinder verfolgen den Weg mit den Augen. Wer weiß, wo der Weg endet?

Ellys Lexikon

Wie die Zeit vergeht
- Ein **Tag** hat 24 Stunden.
- Eine **Stunde** hat 60 Minuten.
- Eine **Minute** hat 60 Sekunden.
- Mit der **Uhr** kannst du die Zeit genau messen.
- Mit dem **Kalender** kannst du die Zeit einteilen.

Die Uhr
- Manche Uhren haben **Zeiger.** Der **Stundenzeiger** wandert in einer Stunde nur bis zur nächsten Zahl weiter. Der **Minutenzeiger** wandert in einer Stunde einmal im Kreis herum. Der **Sekundenzeiger** wandert in einer Minute einmal im Kreis herum.
- **Digitale Uhren** haben keine Zeiger.Sie zeigen die Zeit so an:

9 : 34

- Eine **Viertelstunde** dauert 15 Minuten, eine **halbe Stunde** dauert 30 Minuten und eine **Dreiviertelstunde** dauert 45 Minuten.

Der Kalender
- Der Kalender teilt das **Jahr** ein in:
  - **365 Tage** (im Schaltjahr 366 Tage),
  - ungefähr **52 Wochen,**
  - **12 Monate.**
- Eine **Woche** hat sieben Tage.
- Die **Monate** heißen Januar, Februar, März, April, Mai, Juni, Juli, August, September, Oktober, November und Dezember.
- Es gibt **Monate mit 30 Tagen** und Monate **mit 31 Tagen.** Der kürzeste Monat ist der **Februar.** Er hat **nur 28 Tage.**
- Alle vier Jahre ist ein **Schaltjahr.** Dann hat der **Februar 29 Tage.**

So können wir unsere Schulumgebung darstellen
- **Skizze:** Das ist eine einfache Zeichnung von der Umgebung.
- **Modell:** Wir bauen die Umgebung mit Bauklötzen nach.
- **Grundriss:** Wir umfahren die Bauklötze von unserem Modell. Die Linien und Flächen im Plan stellen die Wirklichkeit dar.

Erkunden der Umwelt

Didaktisch-methodische Anmerkungen

Wasser ist Leben

Lernziele: Die Kinder sollen
- erkunden, wofür sie Wasser verbrauchen,
- erkennen, dass Wasser lebenswichtig ist,
- sensibel für einen bewussten Umgang mit Wasser werden.

Unterwegs mit den Wasser-Detektiven (S. 53)
Nach den Beobachtungen stellen die Kinder Tipps zum Wassersparen an der Pinnwand zusammen.

Wir experimentieren mit Wasser

Lernziele: Die Kinder sollen
- verschiedene Materialien in Hinblick auf ihre Schwimmfähigkeit überprüfen,
- in einfachen Versuchen die verschiedenen Zustandsformen des Wassers erkennen,
- einige Stoffe auf ihre Wasserlöslichkeit hin untersuchen,
- in Versuchen einfache Trennverfahren erproben.

Alle Anleitungskarten zu den Versuchen werden am besten vor ihrem Einsatz laminiert.

Schwimmen und Sinken (S. 53 f.)
Die Lehrerin stellt auf einem Versuchstisch verschiedene Materialien bereit. Die Kinder notieren die Versuchsergebnisse in einer Tabelle (S. 54) für die Portfolio-Mappe und untersuchen noch weitere Materialien.

Erklärungshilfe zum Versuch „Warum gehen Schiffe nicht unter?“: Die Schale aus Knetmasse schwimmt, weil sie mehr Platz braucht als die Kugel aus Knetmasse. Sie verdrängt mehr Wasser von seinem Platz. Deshalb schwimmen Schiffe.
Wenn ihr die Schale aus Knetmasse mit Murmeln beladet, sinkt sie etwas tiefer, schwimmt aber weiter. Erst wenn ihr die Schale mit zu vielen Murmeln beladet, geht sie unter. Deshalb darf bei einem Schiff ein bestimmtes Ladegewicht nicht überschritten werden.

Gefrieren, Schmelzen und Verdampfen/Stoffe mit Wasser mischen / Einfache Trennverfahren (S. 55 ff.)
Die Lehrerin stellt Versuchstische mit den benötigten Materialien bereit. Die Kinder gehen in Kleingruppen nach den Anleitungskarten vor und dokumentieren die Versuche in ihren Portfolio-Mappen.

Erklärungshilfe zum Versuch „Braucht Eis mehr Platz als Wasser?“: Wasser kann flüssig oder fest sein. Wenn das Wasser zu Eis gefriert, dehnt es sich aus. Die Wasserteilchen haben im gefrorenen Zustand einen größeren Abstand zueinander.

Erklärungshilfe zum Versuch „Kann Wasser verschwinden?“: Winzige für das Auge nicht sichtbare Wasserteilchen steigen als Wasserdampf in die Luft. Auf der kühlen Oberfläche des Spiegels sammeln sie sich wieder als größere Wassertropfen.

Erklärungshilfe zum Versuch „Welche Flüssigkeiten lassen sich mit Wasser mischen?“: Öl ist leichter als Wasser und schwimmt deshalb oben.

Wir sammeln Erfahrungen mit Temperaturen

Lernziele: Die Kinder sollen
- das individuelle Warm-Kalt-Empfinden im Versuch erproben,
- die Temperatur mit verschiedenen Thermometern messen,
- ein einfaches Thermometer bauen,
- den Einfluss von Wärme auf einige Stoffe untersuchen.

Die Lehrerin stellt die nötigen Materialien für die Versuche bereit. Die Kinder führen mit den Anleitungskarten (S. 58 ff.) die Versuche durch und dokumentieren ihre Ergebnisse in der Portfolio-Mappe.

Wir bauen verschiedene Fahrzeuge (Projekt)

Lernziele: Die Kinder sollen
- einfache Fahrzeuge, die rollen, schwimmen, fliegen oder gleiten, bauen,
- ihre gebauten Fahrzeuge testen und eventuell Verbesserungen vornehmen,
- elementare Einsichten in Fortbewegungsmöglichkeiten von Fahrzeugen gewinnen.

Die Anweisungen auf den Handlungskarten (S. 60 f.) sind offen formuliert, damit die Kinder eigene Ideen einbringen und ihre Fahrzeugmodelle optimieren können. Innerhalb des Projektes kann die Lehrerin den Kindern ausgewählte historische Informationen zur Erfindung der Fahrzeuge geben.

Wir bauen Autos (S. 60)
Die Kinder testen ihre fertigen Fahrzeuge, indem sie eine Rampe aus einem Brett und einem Stuhl bauen und ihre Autos die Rampe hinunterfahren lassen. In einer Liste halten die Kinder fest, wie weit ihre Fahrzeuge gerollt sind. Die Autos können in einem zweiten Durchgang auch mit Bausteinen beladen werden. Anschließend befestigen die Kinder Sandpapier auf der Rampe, führen die Versuche erneut durch und notieren ihre Ergebnisse.

Wir bauen Boote (S. 61)
In einer Wanne lassen die Kinder ihre fertigen Boote schwimmen und beladen diese mit Spielzeugfiguren oder Murmeln. Wann geht das Boot unter?

Unterwegs mit den Wasser-Detektiven

Zu Hause		In der Schule	
Wozu brauchst du Wasser?	Wie oft? Mache Striche.	Wozu brauchst du Wasser?	Wie oft? Mache Striche.

Das habe ich beobachtet am ______________________________ .

Was schwimmt, was sinkt?

Das braucht ihr:
- eine Wanne voll Wasser
- Büroklammer, Nagel, Schlüssel, Korken, Bleistift, Holzwürfel, Glasscherbe, Teller, Plastiklöffel, Papier
- Schreibzeug, Tabelle

So wird es gemacht:
- Überlegt: Welcher Gegenstand schwimmt wohl? Was geht vermutlich unter? Schreibt eure **Vermutungen** in die Tabelle.
- Legt dann die verschiedenen Gegenstände auf das Wasser.
- Beobachtet genau, was geschieht. Welcher Gegenstand schwimmt? Was sinkt langsam zu Boden? Was sinkt schnell?
- Notiert eure **Beobachtungen** in der Tabelle.

Tipp: Probiert den Versuch auch mit anderen Gegenständen aus.

Tabelle zum Versuch **Was schwimmt, was sinkt?**

Gegenstand	Wir vermuten: Schwimmt? Sinkt?	Wir beobachten:		
		schwimmt	sinkt langsam	sinkt schnell
Büroklammer				
Nagel				
Schlüssel				
Korken				
Bleistift				
Holzwürfel				
Glasscherbe				
Teller				
Plastiklöffel				
Papier				

Warum gehen Schiffe nicht unter?

Das braucht ihr:
- eine Wanne mit Wasser
- mehrere Murmeln, Knetmasse

Das könnt ihr machen und beobachten:
- Werft die Murmeln ins Wasser. Beobachtet, was passiert.
- Formt aus der Knetmasse eine große Kugel. Werft die Kugel ins Wasser. Beobachtet.
- Holt die Murmeln und die Knetmasse aus dem Wasser.
- Formt aus der Knetmasse eine Schale. Legt die Schale auf das Wasser. Beobachtet.
- Legt nacheinander die Murmeln auf die Schale. Beobachtet.

Braucht Eis mehr Platz als Wasser?

Das braucht ihr:
- ein leeres sauberes Marmeladenglas, kaltes Wasser
- einen wasserfesten Folienstift
- Gefrierfach oder Frostwetter

So wird es gemacht:
- Füllt das Glas bis zur Hälfte mit Wasser.
- Markiert die Höhe des Wassers mit dem Folienstift.
- Stellt das Glas ins Gefrierfach oder ins Freie, wenn draußen Frost herrscht.
- Wartet ab, bis das Wasser zu Eis gefroren ist.

Was beobachtet ihr?
Das zu Eis gefrorene Wasser steht im Glas ______________________
als der Markierungsstrich.
Lasst das Eis nach dem Versuch auch wieder schmelzen.

Frage für Wasser-Detektive:
Wasser dringt in die Ritzen einer Teerstraße ein. Das Wasser gefriert bei Frost.
Was passiert?

Kann Wasser verschwinden?

Das braucht ihr:
- Stövchen, Blechdeckel (zum Beispiel von einem Marmeladenglas), Teelicht, Feuerzeug, Spiegel
- etwas Wasser

So wird es gemacht:
- Zündet das Teelicht an. Stellt es in das Stövchen.
- Gebt etwas Wasser auf den Blechdeckel.
  Stellt den Deckel auf das Stövchen.
- Wartet ein paar Minuten.
- Haltet dann den Spiegel über den Deckel.
  Der Spiegel darf das Wasser nicht berühren. Beobachtet.
- Nehmt den Spiegel nach einigen Minuten weg.
  Was seht ihr am Spiegel?

Welche Flüssigkeiten lassen sich mit Wasser mischen?

Das braucht ihr:
- Trinkglas, Teelöffel, Wasser, Salatöl, Pipette mit Tinte gefüllt

Das könnt ihr machen und beobachten:
- Gießt in das Glas bis zur Hälfte Wasser. Füllt das Glas mit Öl auf. Rührt die Flüssigkeiten mit dem Teelöffel um.
- Lasst das Glas eine Weile stehen. Beobachtet.
- Sobald sich die Flüssigkeiten getrennt haben, gebt ihr vorsichtig einen Tropfen Tinte ins Glas.

Was passiert?
- Schwimmt der Tintentropfen in der Ölschicht? ○ Ja ○ Nein
  Vermischt sich die Tinte mit dem Öl? ○ Ja ○ Nein
- Setzt mit der Pipette einen Tropfen Tinte direkt in das Wasser unter die Ölschicht.
  Was passiert mit der Tinte jetzt?
  ○ Die Tinte vermischt sich mit dem Wasser.
  ○ Der Tintentropfen schwimmt in der Wasserschicht.

Was löst sich in Wasser auf?

Das brauchst du:
- dreizehn durchsichtige Plastikbecher, warmes Wasser
- Zucker, Salz, Sand, Erde, etwas Butter, Mehl, Reis, Brausepulver, Kies, Waschpulver, Seifenstückchen, Zitronensaft, Essig
- Teelöffel, Papier, Schreibzeug

So wird es gemacht:
- Fülle die Plastikbecher mit Wasser.
- Gib in jeden Becher einen anderen Stoff. Rühre mit einem Teelöffel um. Schreibe auf, was du in jeden Becher gegeben hast. Lege den Zettel zum Becher dazu.
- Warte ab und beobachte.
- Mache dir eine Tabelle und schreibe deine Beobachtungen auf.
- Probiere auch noch andere Stoffe aus.

Stoff	Das habe ich beobachtet:
Zucker	
Salz	
...	

Wie hole ich das Salz aus dem Wasser zurück?

Das brauchst du:
- Stövchen, Teelicht, Feuerzeug, Blechdeckel
- Trinkglas, Löffel, Wasser, drei Teelöffel Salz

So wird es gemacht:
- Gieße das Glas halbvoll mit Wasser.
- Gib das Salz dazu. Rühre um, bis sich das Salz aufgelöst hat.
- Gib etwas von dem Salzwasser auf den Blechdeckel.
- Zünde das Teelicht an. Stelle es in das Stövchen.
- Stell den Deckel mit dem Salzwasser darauf.
- Warte ab und beobachte.
- Was bleibt nach langem Erhitzen auf dem Deckel übrig?
- Stell auch etwas Salzwasser in einem Blechdeckel auf die Heizung. Warte einige Tage.
- Probiere den Versuch auch mit Wasser aus, in dem andere Stoffe (Zucker ...) gelöst wurden.

Kann schmutziges Wasser wieder sauber werden?

Das brauchst du:
- Kies, Sand, Erde, Wasser
- acht leere saubere Marmeladengläser, Löffel
- Kaffeefilter

So wird es gemacht:

Versuch 1
- Fülle Wasser in vier Gläser. Gib nun in das erste Glas den Kies, in das zweite den Sand und in das dritte die Erde.
- Gib in das vierte Glas von allen drei Stoffen etwas hinein.
- Rühre den Inhalt der vier Gläser kräftig um.
- Was beobachtest du nach einer Stunde und am nächsten Tag? Schreibe deine Beobachtungen auf.

Versuch 2
- Stecke auf die vier leeren Gläser jeweils einen Filter.
- Rühre das Glas mit dem Wasser-Kies-Gemisch kräftig um und gieße anschließend den Inhalt vorsichtig durch das Filterpapier eines leeren Glases.
- Gieße auch die anderen drei Gläser von Versuch 1 durch Filterpapier.
- Was passiert? Schreibe deine Beobachtungen auf.

Warm oder kalt?

Das brauchst du:
- drei große Schüsseln; kaltes, lauwarmes und sehr warmes Wasser

So wird es gemacht:
- Fülle in die erste Schüssel das kalte Wasser, in die zweite Schüssel das lauwarme Wasser und in die dritte Schüssel das sehr warme Wasser.
- Tauche eine Hand in das kalte Wasser.
- Tauche die andere Hand vorsichtig in das sehr warme Wasser.
- Lass beide Hände eine Weile im Wasser, bis sie sich an die Temperatur gewöhnt haben.
- Tauche dann deine Hände in das lauwarme Wasser.

Was spürst du? Schreibe auf.

Mit der Hand, die vorher im kalten Wasser war, fühlt sich das lauwarme Wasser

__________________ an.

Mit der Hand, die vorher im sehr warmen Wasser war, fühlt sich das lauwarme

Wasser ______________________ an.

Unterwegs mit den Temperatur-Detektiven

Miss an folgenden Stellen die Temperaturen.
Wiederhole die Messungen an verschiedenen Tagen.

Ort	Thermometer	Temperatur
Pausenhof		
Klassenzimmer		
Gang		
Aula		
Wasser aus der Leitung		
Meine Körpertemperatur		

Diese Temperaturen wurden gemessen am ______________________.

Name des Temperatur-Detektivs: ______________________

Wir bauen ein Thermometer

Das braucht ihr:
- kleine Glasflasche mit Korken, Tinte, Wasser, durchsichtigen Strohhalm, Knete zum Abdichten
- Teelicht, Stövchen, Handbohrer

So wird es gemacht:
- Bohrt durch den Korken ein Loch, durch das ihr den Strohhalm stecken könnt. Lasst euch helfen.
- Füllt die Flasche bis zum Rand mit Wasser. Gebt einige Tropfen Tinte dazu.
- Steckt den Strohhalm durch den Korken. Dichtet das Loch zusätzlich mit Knete ab. Verschließt dann mit dem Korken die Flasche.
- Zündet ein Teelicht an und stellt es ins Stövchen.
- Stellt die Flasche auf das Stövchen.
- Wartet ab, bis sich das Wasser in der Flasche erhitzt hat.
- Beobachtet, was mit dem Wasser im Strohhalm passiert.
- Setzt die Flasche neben das Stövchen. **Vorsicht:** Die Flasche ist heiß!
- Wartet ab. Beobachtet den Wasserstand im Strohhalm.
- Warum steigt und sinkt das Wasser im Strohhalm?

Wärme verändert Stoffe

Das braucht ihr:
- Wachsreste, Eiswürfel, Knetmasse, Papier, Holzstück, ein Stück Plastikfolie, Stoff, Wollfaden, Wasser
- Teelicht, Stövchen, Backblech, zwei Schüsseln aus Porzellan, drei Blechdeckel von Marmeladengläsern, lange Streichhölzer

Wichtig: Führt die Versuche mit einem Erwachsenen durch.

So wird es gemacht:
- Stellt die Schüsseln und das Stövchen auf das Backblech.
- Füllt in eine Schüssel Wasser.
- Zündet ein Teelicht an und setzt es ins Stövchen. Stellt den Deckel auf das Stövchen.
- Legt einen kleinen Wachsrest auf den Deckel. Beobachtet.
- Schüttet das flüssige Wachs in die Schüssel mit kaltem Wasser.
- Legt den Eiswürfel auf den anderen Deckel. Stellt den Deckel auf das Stövchen. Was passiert?
- Gebt etwas Knete auf den dritten Deckel und stellt ihn auf das Stövchen. Beobachtet wieder.
- Legt in die leere Schüssel ein Stück Papier. Zündet es an.
- Entzündet auch Holz, Plastikfolie, Stoff und Wolle in der Schüssel.
- Welche Materialien brennen schnell, bei welchen dauert es lange, bis sie sich entzünden? Schreibt auf, was ihr beobachtet.

Wir bauen Autos

Das braucht ihr:
- Schuhkartons, Saftkartons, kleine Schachteln, Deckel von Filmdosen oder Saftflaschen, Holzspieße, Trinkhalme, Klebeband, Pappe, Klebstoff
- Schere, Wasserfarben, Handbohrer, Spielzeugfiguren

So wird es gemacht:
- Schneidet aus dem Karton eine Öffnung für den Fahrer heraus.
- Bastelt ein Lenkrad aus Pappe.
- Bemalt die Fahrzeugteile, bevor ihr sie zusammenbaut.
- Befestigt die Trinkhalme an der Unterseite des Fahrzeugs mit Klebeband.
- Schiebt die Holzspieße durch die Trinkhalme.
- Durchbohrt die Deckel der Filmdosen. Steckt sie als Räder an die Holzspieße. Überlegt, wie ihr die Räder befestigen könnt.
- Setzt eine Spielzeugfigur als Fahrer in das Auto. Ihr könnt den Fahrer auch aus Knete formen.

Wir bauen Boote

Das braucht ihr:
- Papier (DIN A4 und DIN A3), leere Safttüten, Korken, dünne Äste, größere Rindenstücke, Pappe, kleine Schachteln, Zahnstocher
- Schrauben, Bindfaden, Kleber, Handbohrer, Malstifte, Schere, wasserfeste Wachsmalkreiden
- Spielzeugfiguren, Murmeln und andere kleine Gegenstände

So wird es gemacht:
- **Miniboote aus einem Korken:** Dreht in die Unterseite eines Korkens eine Schraube. Befestigt auf der Oberseite des Korkens ein Segel aus Papier und einem Zahnstocher.
- **Dampfer aus einer Safttüte:** Schneidet eine lange Seite der leeren Tüte heraus. Bastelt aus Pappe und kleinen Schachteln den Schornstein und die Kapitänsbrücke. Malt euer Schiff an.
- **Floß aus Rindenstücken, Ästen und Korken:** Befestigt Segel aus Papier und Zahnstochern auf Rindenstücken. Bindet dünne Aststücke aneinander. Verbindet Korken mit Zahnstochern zu einem Floß.
- **Papierschiffe:** Malt ein Blatt Papier mit wasserfesten Wachsmalkreiden an. Faltet ein Schiff.
- Könnt ihr auch aus anderen Materialien Boote bauen? Probiert es aus.

Wir bauen Flugzeuge und Gleiter

Das braucht ihr:
- Papier (DIN A4 und DIN A3), Malstifte, Luftballons
- Wäscheklammern, Klebeband, Knete

So wird es gemacht:
- Faltet aus einem Blatt Papier ein Flugzeug.
- Bemalt euer Flugzeug.
- Lasst euer Flugzeug fliegen. Wie könnt ihr die Flugfähigkeit verbessern? Faltet die Flügel anders oder schneidet die Flügel ein. Probiert verschiedene Möglichkeiten aus.
- Bringt an der Spitze eine kleine Kugel aus Knetmasse an.
- Hängt einen Reifen auf. Versucht aus drei Metern Entfernung euer Flugzeug durch den Reifen fliegen zu lassen.
- Blast Luftballons auf. Verschließt sie mit Wäscheklammern. Befestigt die Ballons an verschiedenen Stellen des Flugzeugs mit Klebeband. Setzt das Flugzeug auf den Boden. Entfernt die Wäscheklammern. Was passiert?

Ellys Lexikon

Wasser ist kostbar

- Menschen, Tiere und Pflanzen brauchen Wasser zum Leben.
- Deshalb gehen wir sparsam mit Wasser um und halten die Gewässer sauber.

Schwimmen und Sinken

- Ob etwas schwimmt, hängt nicht nur von seinem Gewicht ab.
- Große, schwere Gegenstände (zum Beispiel Schiffe), die viel Wasser von seinem Platz verdrängen, schwimmen.
- Ein gleich schwerer Gegenstand, der wenig Wasser verdrängt (zum Beispiel eine Kugel), geht unter.

Wasser ist nicht nur flüssig

- Durch Kälte gefriert Wasser zu Eis.
- Durch Wärme verdunstet Wasser, das heißt winzige Teilchen steigen in die Luft auf.

Mischen und Auflösen von Stoffen im Wasser

- Manche Flüssigkeiten (zum Beispiel Tinte) mischen sich mit Wasser, andere Flüssigkeiten (zum Beispiel Öl) mischen sich nicht.
- Einige feste Stoffe (zum Beispiel Zucker, Salz, Waschpulver) lösen sich im Wasser auf. Andere Stoffe (zum Beispiel Sand, Butter) lösen sich nicht auf.
- Stoffe, die sich im Wasser auflösen, werden durch Verdunsten des Wassers wieder sichtbar gemacht.
- Feste Stoffe (zum Beispiel Schmutz) lassen sich vom Wasser trennen,
  - wenn man das Schmutzwasser stehen lässt, sodass sich die Feststoffe absetzen.
  - wenn man die Feststoffe aus dem Wasser filtert.

Wir messen Temperaturen

- Wir stellen die Temperatur nur mit einem Thermometer zuverlässig fest.
- Es gibt verschiedene Thermometer: Zimmerthermometer, Außenthermometer, Badethermometer, Fieberthermometer.
- So funktioniert ein Thermometer:
  - In einem Thermometer ist meist eine Flüssigkeit (Alkohol, Quecksilber) enthalten, die sich bei Wärme ausdehnt. Die Flüssigkeit steigt dann im Glasröhrchen.
  - Bei Kälte zieht sich die Flüssigkeit zusammen und sinkt im Glasröhrchen.
- Wärme verändert viele Stoffe. Einige Stoffe brennen schneller, bei anderen dauert es länger.

Wir bewegen uns mit verschiedenen Fahrzeugen fort

- Fahrzeuge mit Rädern rollen. Wie schnell oder weit ein Fahrzeug rollt, hängt von seinem Gewicht und von der Fahrbahn ab.
- Fahrzeuge, die nicht zu schwer sind und genügend Wasser von seinem Platz verdrängen, schwimmen.
- Fahrzeuge mit Flügeln (Tragflächen) und einer Spitze („Nase") gleiten.
- Strömt Luft aus einem Luftballon, der an einem Papierflieger befestigt wird, gleitet das Flugzeug in die Gegenrichtung. Das nennt man Rückstoß. So funktioniert auch eine Rakete.

Oldenbourg Kopiervorlagen 115

Bibliografische Information Der Deutschen Bibliothek
Die Deutsche Bibliothek verzeichnet diese Publikation in der Deutschen Nationalbibliografie; detaillierte bibliografische Daten sind im Internet über <http://dnb.ddb.de> abrufbar.

Das Papier ist aus chlorfrei gebleichtem Zellstoff hergestellt, ist säurefrei und recyclingfähig.

1. Auflage 2006 R06
Druck 10 09 08 07 06
Die letzte Zahl bezeichnet das Jahr des Drucks.

Umschlagkonzeption: Mendell & Oberer, München
Umschlaggestaltung und -illustration: Lutz Siebert-Wendt, München
Lektorat: Claudia Passek
Moderation: Silvia Regelein
Herstellung: Daniela Birnböck
Illustrationen: Irmtraud Guhe, München
Satz, Druck und Bindung: Greipel Offset, Haag/Obb.

ISBN 3-486-**00293**-7
ISBN 978-3-486-**00293**-5 (ab 1. 1. 2007)
ISBN 978-3-637-**00293**-7 (ab 1. 1. 2009)

ABC der Tiere – Schreibtabelle

So arbeitest du mit der Schreibtabelle beim Lesen:

1.

Welchen Buchstaben kennst du nicht?

2.

Suche den Buchstaben in der Schreibtabelle.

3.

Sprich das Bildwort.

4.

Sprich nur den neuen Laut.

5.

Lies das Wort mit dem neuen Laut. Hast du das Wort verstanden?

6.

Kennst du andere Wörter, in denen der gleiche Laut vorkommt?

So arbeitest du mit der Schreibtabelle beim Schreiben:

1.

Sprich das Wort und klatsche die Silben. Welcher Laut ist neu?

2.

Suche das Wort, das mit dem neuen Laut beginnt.

3.

Schreibe das Wort mit zwei Farben.

4.

Denke dabei an die Häuschen.

5.

Überprüfe das Wort.

6.

So kannst du Wörter mit neuen Buchstaben richtig schreiben.

Die drei Häuschen:

ABC der Tiere 1 – Schreiblehrgang Schulausgangsschrift, **Schreibtabelle**
Bestell-Nr. 1402-36 · ISBN 978-3-619-14236-1
Mildenberger